*„Wir irren uns voran."*

Peter Schnell, Sänger und Songschreiber

*„Die Wahrheit ist das Ziel und die Liebe der Weg dahin."*

Mahatma Gandhi

*„Freiheit bedeutet, daß wir in gewissem Maße unser Schicksal Kräften anvertrauen, die wir nicht beherrschen."*

Friedrich August von Hayek

Michael von Prollius

# Noch einmal Freiheitsliebe

*Ein letztes Querdenker-ABC*

*Für meine Mädels in Liebe*

Bibliografische Information der Deutschen Nationalbibliothek:
Die Deutsche Nationalbibliothek verzeichnet diese Publikation in der Deutschen Nationalbibliografie; detaillierte bibliografische Daten sind im Internet über http://dnb.dnb.de abrufbar.


*Im Schloßgarten 1a, 37699 Fürstenberg*
*Umschlaggestaltung: Björn von Prollius*
*Lektorat und Layout: Susanne Junge*
*Herstellung und Verlag: BoD – Books on Demand, Norderstedt*

*ISBN: 978-3-7534-9119-6*

# Inhalt

# Vorbemerkung

Alle guten Dinge sind drei.

Das gilt auch für die Freiheitsliebe.

Noch einmal Freiheitsliebe. Ein letztes Querdenker-ABC ist der nunmehr dritte kleine Band, mit dem ich versuche, einige Akzente für die Freiheit, für die Liebe und für die Freiheitsliebe zu setzen. Es wäre schön, wenn jetzt oder zu einem späteren Zeitpunkt ein Leser Freude empfindet und etwas Inspiration findet. Manche Gedanken dürften zeitlos sein, viele ganz und gar unzeitgemäß und alle sind dazu gedacht, die Freiheit mit Herz und Hand zu schützen – nicht erst, wenn es schmerzt, weil sie verlorenen gegangen ist. Das wäre dann Freiheitsliebeskummer. Möge er uns erspart bleiben.

Das Leitthema dieses Bandes ist: Führung zur Freiheit. Führung darf inspirieren. Führung ist eine Dienstleistung. Führung dient der Selbstführung. Führung und Freiheit gehören in sehr vielen Bereichen zusammen und sind als Kombination mit Vertrauen verwoben. Wir sind heute so weit, erneut zu erkennen, dass Führung nicht mit Macht verwechselt werden sollte. Führer und Untertanengeist sind eine furchtbare Mischung. Führung und freie, selbstverantwortliche Menschen sind eine fruchtbare Mischung.

Band 1 war von der Idee geleitet: Freiheit ist die Essenz für die proportionierlichste Bildung der eigenen Kräfte, also die beste Version von sich selbst zu schaffen.

Band 2 war Kraft und Klarheit gewidmet und enthielt einen zusätzlichen Essay, der die tiefe, wohltuende Verbindung von Freiheit und Liebe aufzeigte.

Alle Bände besitzen dieselbe Struktur: **A**phorismen. **B**log-beiträge. **C**haraktere.

Die **Aphorismen** bieten Denkanstöße, lassen sich für Perspektivwechsel nutzen, laden zum Innehalten ein. In einer Zeit mit Informationen im Überfluss und elektronischen Impulsen schon mit dem Aufstehen lohnt es sich, länger über nur einen Satz nachzudenken, lohnt sich selbstdenken sehr. So bemerkte der Management-Theoretiker und -Praktiker Peter F. Drucker zum Thema Führung:

> *„Leadership ist nicht Leute dazu zu bringen, Dinge zu tun, die sie nicht wollen, sondern Leute dazu zu befähigen, Dinge zu leisten, von denen sie niemals glaubten, sie erreichen zu können."*

Die **Blogbeiträge** befassen sich mit vielfältigen Themen, die durchdrungen sind von Freiheitsliebe, Perspektivwechsel, Skepsis und Überzeugung sowie liberaler Richtigstellung. Dazu gehören Professionalität und Führung als Herzenssache, mehr Autonomie gerade im Bildungsbereich, die Richtigstellung, dass nicht Sozialismus, sondern Etatismus uns als große Gefahr bedroht. Hinzukommen: das Glück der Natur, kritische Betrachtungen des Klimaalarmismus, Adam Smith und Liebe, eine Welt mit Geld, aber ohne Staatsmonopole und viele andere mehr.

Der Abschnitt **Charaktere** beginnt mit einer unbekannten Persönlichkeit aus Afrika und reicht über den König der Leserbriefe in Amerika und mehreren bemerkenswerten Persönlichkeiten bis zu einem intellektuellen Grenzgänger. Von allen Freiheitscharakteren könne wir etwas lernen und uns inspirieren lassen.

Gleichsam als Nachwort fungiert der Abschnitt: Freiheit, die ich meine – 12 Maxime. Vielleicht können die Gedanken eine konsequent liberale Orientierung bieten. Ich werde sie dieses Jahr in einer etwas ausführlicheren Publikation vertiefen.

Querdenken bedarf heute einer Erläuterung. Wer den Begriff entpolitisiert und zu den Wurzeln zurückgeht, der findet folgendes: Querdenken heißt von üblichen Denkroutinen erheblich abweichen, ungewohnte Denkbrücken schlagen, auch zu anderen Wissensgebieten. Querdenker gelten als Sonderlinge, Störenfriede, Eigenbrödler und als kreativ. In Kunst und Kultur ist Querdenken ein Erfolgsmerkmal. Das trifft zu für die Impressionisten und Picasso genauso wie für Elvis und die Beatles. In Wissenschaft und Politik gelten Querdenker als problematisch, rütteln sie doch an den etablieren Strukturen und Machtverhältnissen. Unternehmen stehen vor einer ähnlichen Herausforderung und gewinnen gerade deshalb zuweilen Querdenker. Eine frühe Verwendung des Begriffs taucht in der Wochenschrift „Das Goetheanum" von 1922 auf:

> *„Neudenker, Frischdenker, Querdenker, die durch neue Erkenntnisse und Ideen zu Kritikern werden, vermißt man eher."*

Trifft das heute noch viel mehr zu als vor 100 Jahren? Wenn Freiheitsliebe vorherrschende Dogmen hinterfragt, dann ist das der Fall.

Freunde der Freiheit leben seit über 10 Jahren in einer Zeit, die kontinuierlich mehr Herausforderungen und Belastungen hervorgebracht hat. Im Gewand einer deklarierten guten Moral werden alte Ideologien und Werkzeuge der Macht aufs Neue präsentiert, stets zum Wohl oder gar zur Rettung der Menschheit und stets auf deren Kosten.

Umso mehr gilt es, die Liebe für die Freiheit glimmen zu lassen. Müssen wir fürchten, dass das Feuer ausgeht? Etatismus, Paternalismus, Trennung von Handeln und Verantwortung. Lust am neuen Autoritarismus. Zeitenwende. Dramatisierung und Hysterie.

Die Krise der Gegenwart fällt mit der Krise des Liberalismus zusammen.

Doch Freiheitsliebe ist stark. Sie ist ein Leitmotiv in vielen Filmen. Ein Ausbruch aus der Matrix ist möglich. Braveheart kann siegen, hat sich geopfert. Eine Rebellion besiegt das Empire und die dunkle Seite der Macht. Freiheitsliebe wächst als

Gegenreaktion auf Freiheitsverlust. Sie wird zum Leitmotiv. Alles hat seine Zeit.

Freiheitsliebe macht als persönliche Orientierung glücklich, befreit, macht unabhängig und gelassen. Die innere Haltung kann uns niemand nehmen. Wer den Weg der Freiheit geht, der stolpert nicht ließe sich in Anlehnung an eine große Seele sagen.

Konzentrieren wir uns auf Dinge, die wir beeinflussen können. Zeigen wir Demut und Gelassenheit gegenüber allem anderen.

Noch einmal Freiheitsliebe. Für ein gutes Mindset, Heartset, Soulset und später für den Beastmode.

Fürstenberg, Mai 2021

Michael von Prollius

# Aphorismen

## Anfangen

*Es ist gut zu wissen, dass man eigentlich alles machen kann.*
*Man muss nur damit anfangen.*

Julie Deane

♥

## Aufmerksamkeit

*Wer sich öffnet, in einen anderen hineinversetzt, mitfühlt und auch einmal lächelt, ist aufmerksam und friedlich.*

♥

*Der richtige Augenblick ist heute, hier und jetzt.*
*Was morgen sein wird, wird sich finden.*
*Zuweilen lohnt sich das Warten auf diesen richtigen Augenblick, wenn sich die Dinge gefügt haben.*

Dorothee Griesbeck meets Bill Belichick

♥

# Besonders

*Umwerfende Persönlichkeiten schaffen es,*
*Dir einen Teil ihrer Innenwelt zu zeigen.*

Sandra Tissot

♥

*Besondere Menschen sind wiederholt nicht die,*
*die sich dafür halten, vielmehr die, die nicht wissen*
*wie einzigartig sie sind. Man kann sie eher spüren als sehen.*

♥

*Menschen werden vergessen, was Du gesagt hast.*
*Menschen werden vergessen, was Du getan hast.*
*Aber Menschen werden niemals vergessen,*
*welches Gefühl Du ihnen vermittelt hast.*

Maya Angelou

♥

*Du bist umwerfend!*

Sandra Tissot

♥

## Bildung

*Die wahre Bildung besteht nicht in totem Wissen und leerem Gedächtniskram, sondern in lebendiger Entwicklung des Gemütes und der Urteilskraft.*

Ernst Haeckel

♥

*Die erbarmungsloseste Waffe ist*
*die gelassene Darlegung der Fakten.*

Raymond Barre

♥

## Erfahrung

*Man wird nicht alt,*
*weil man eine gewissen Anzahl Jahre gelebt hat.*
*Man wird alt, wenn man seine Ideale aufgibt.*
*Oder auch erwachsen und gelassen.*

Nena [ergänzt]

♥

*Mein Weg ist nicht vorherbestimmt.*
*Ich werde mehr Erfahrungen sammeln und*
*viele weitere Meilensteine passieren.*

Agnetha Fältskog

♥

*Die Zeit verwandelt uns nicht,*
*sie entfaltet uns nur.*

Max Frisch

♥

*Erfahrungen sammelt man wie Pilze:*
*einzeln und mit dem Gefühl, dass*
*die Sache nicht ganz geheuer ist.*

Erskine Caldwell

♥

Am Anfang steht das Handeln, das mit Aufmerksamkeit und Timing erfolgreicher ist. **B**emerkenswerte Menschen wissen darum; sie wirken durch Emotionen und eine positive Lebenshaltung. Gelassenheit kann sehr wirkungsvoll sein. **E**rfahrung verwandelt uns und darf mit Gelassenheit einhergehen.

♥

## Etatismus

*Paternalismus ist eine Ausgeburt*
*des etatistischen Pessimismus.*

Wolfgang Sofsky

♥

*Längst erfaßt die Verbotspolitik auch Bereiche,
in denen ein möglicher Schaden entweder
Privatsache oder Ansichtssache ist.*

Wolfgang Sofsky

♥

*Etatismus ist heute die dunkle Bedrohung der Freiheit, die einst der Sozialismus war; Bürokratismus ist eine Ausprägung des Etatismus; Menschen werden gezwungen, sich anders zu verhalten, als sie es freiwillig tun würden.*

♥

*Sklerose ist das Ergebnis von Etatismus – Innovationen und Anpassungsfähigkeit erwachsen aus Freiheit.*

♥

# Freiheit

*Freiheit besteht immer wieder darin, mich selbst zu beschränken zum meinem Wohl und dem meiner Mitmenschen.*

♥

*Wer die Freiheit aufgibt, um Sicherheit zu gewinnen,
wird am Ende beides verlieren.*

Benjamin Franklin

♥

*Falls Freiheit überhaupt etwas bedeutet, dann bedeutet sie das Recht darauf, den Leuten das zu sagen, was sie nicht hören wollen.*

George Orwell

♥

*Demokratische Freiheit ist auch in stürmischen Zeiten der beste Kompass.*

Richard von Weizsäcker

♥

*Freiheit ist kein Ende,*
*Freiheit ist der Anfang.*

Benazir Bhutto

♥

Etatismus bedroht unsere Freiheit. Wer Sicherheit über Freiheit stellt befeuert den Etatismus. Redefreiheit ist wieder zu einer Scheidelinie geworden: das Zwingen von Menschen in vorgegebene Denk- und Redemuster versus eigenständige Bürger, die keine Untertanen sind. Wer die herrschenden Verhältnisse beklagt, sollte Freiheit fordern und fördern. Der Rest stabilisiert das System.

♥

# Führen

*Führen heißt nicht, auf einem Thron Platz zu nehmen.*
*Führen ist nicht, Macht zu ausüben.*
*Führen ist eine Dienstleistung für das Team.*

♥

*Vertrauen führt.*

Reinhard K. Sprenger

♥

*Tun Sie das, was Sie tun, mit Liebe und Hingabe.*
*Oder lassen Sie es ganz.*

Reinhard K. Sprenger

♥

*Leadership ist nicht, Leute dazu zu bringen,*
*Dinge zu tun, die sie nicht wollen,*
*sondern Leute dazu zu befähigen, Dinge zu leisten,*
*von denen sie niemals glaubten, sie erreichen zu können.*

Peter F. Drucker

♥

*Führung und Lernen bedingen sich gegenseitig.*

John F. Kennedy

*Geführt wird von vorne.*

Erwin Rommel

♥

*Führen bedeutet immer wieder:*
*Gemeinsam Hindernisse überwinden und umgehen,*
*um das Ziel zu erreichen.*

♥

*Probleme kann man niemals mit derselben Denkweise lösen,*
*durch die sie entstanden sind.*

Albert Einstein

♥

*Konflikte sind nur lösbar, wenn Gefühl und Verstand*
*in Einklang gebracht werden.*

*Helmut Glaßl*

♥

*Geben Sie Ihren Mitarbeitern Arbeit, bei der sie ihre Fähigkeiten voll ausschöpfen müssen. Geben Sie ihnen alle notwendigen Informationen. Erläutern Sie ihnen klipp und klar, was es zu erreichen gilt. Und dann – lassen Sie sie in Ruhe.*

Robert Waterman

♥

Führen ist eine facettenreiche Aufgabe. Aufwertung und Abwertung haben aus einem Führer heute in Deutschland sprachlich den Leader gemacht. Die Probleme bleiben ähnlich: zu viele nach dem Peter-Prinzip zu hoch gekommene, zu viel Machtgehabe, zu viel Anmaßung. Mehr Unterstützung bei der proportionierlichsten Bildung der Kräfte von Mitarbeitern weist einen Weg für bessere Führer.

♥

## Globalisierung

*Die Globalisierung entspringt dem Streben der Menschheit nach Verbesserung der eigenen Lage.*

Vernon Smith

♥

*Fundamentales über den Handel:*
*Handel macht uns wohlhabend.*

Donald Boudreaux

♥

## Glück

*Man weiß selten, was Glück ist,*
*aber man weiß meistens, was Glück war.*

Françoise Sagan

*Perfekte Harmonie von Körper und Geist ist der Schlüssel zum persönlichen Gleichgewicht und Glück.*

Gabriela Sabatini

♥

*Staunt euch die Augen aus dem Kopf,*
*lebt, als würdet ihr in zehn Sekunden tot umfallen.*
*Bereist die Welt. Sie ist fantastischer als jeder Traum,*
*der in einer Fabrik hergestellt wird.*

Ray Bradbury

♥

*Es gibt ein erfülltes Leben,*
*trotz vieler unerfüllter Wünsche.*

Dietrich Bonhoeffer

♥

## Größe

*Der wahrhaft große Mensch ist der, der niemanden beherrscht und der von niemandem beherrscht wird.*

Khalil Gibran

♥

*Wenn Größe das entscheidende Kriterium wäre,*
*müssten die Dinosaurier noch leben.*

Wendelin Wiedeking

*Talent bringt Dich möglicherweise an die Spitze,*
*aber Du brauchst Charakter, um dort zu bleiben.*
*Kurz: Talent ist die Grundlage, der Charakter das Limit.*

Stevie Wonder meets Bill Belichick

♥

*Greatness is a choice*

Nike

♥

*Lieber verglühen als verglimmen.*

Reinhard K. Sprenger

Ein Glück, dass die Globalisierung unser Leben verbessert. Für die allermeisten Menschen sorgt der Austausch über Grenzen hinweg für mehr Vielfalt und bessere Lebensbedingungen. Dieses unsichtbare Händereichen sollte uns staunen machen, zumal niemand es geplant hat. Diese großartige Entwicklung verdanken wir wahrhaft großen Menschen, fast ausnahmslos unbekannten.

## Hürden

*Man gewinnt Kraft, Mut und Vertrauen durch jede Erfahrung,*
*die einen zwingt, anzuhalten*
*und der Gefahr ins Gesicht zu sehen.*

Eleanor Roosevelt

♥

*Der Veränderung die Tür schließen hieße,*
*das Leben selbst auszusperren.*

Walt Whitman

♥

## Humor

*Humor ist Verstand plus Herzenssache*
*geteilt durch Selbsterkenntnis.*

François Truffaut

♥

*Never trust a man who doesn't drink.*

Humphrey Bogart

♥

## Individuum

*Wir brauchen den Schutz des Individuellen,*
*um die Quellen der Ideen fließen zu lassen.*

Reinhard K. Sprenger

♥

*Je mehr Menschen für sich selbst entscheiden können, wie sie ihr Leben führen möchten, und je mehr Menschen von dieser Maxime überzeugt sind, desto besser geht es den Menschen und der Gesellschaft, die sie bilden.*

♥

*Jazz ist wahrscheinlich die einzige heute existierende Kunstform, in der es die Freiheit des Individuums ohne den Verlust des Zusammengehörigkeitsgefühls gibt.*

Dave Brubeck

♥

## Inspirieren

*Das Wichtigste ist, zu versuchen, Menschen zu inspirieren, damit sie in allem, was sie tun wollen, großartig sein können.*

Kobe Bryant

♥

## Klarheit

*Unklares Denken erzeugt*
*unklares Sprechen erzeugt*
*unklares Handeln.*

Reinhard K. Sprenger

♥

*Klarheit setzt Kräfte frei.*

♥

**H**erzlichkeit verbindet das leichtere Überwinden von Hürden mit Humor, **I**nspiration und auch **K**larheit. Manche Dinge kann man bekanntlich nur oder vor allem mit dem Herzen sehen oder sie werden aus dem Herzen gesprochen. Die Kraft des Herzens wirkt positiv auf andere Menschen – Leidenschaft, die keine Leiden schafft, sondern inspiriert.

♥

## Leben

*Das Leben besteht hauptsächlich aus Umwegen.*

Frank Thieß

♥

*Die wahre Lebenskunst besteht darin,*
*im Alltäglichen das Wunderbare zu sehen.*

Paul S. Buck

♥

*Glück ist nicht in einem ewig lachenden Himmel zu suchen,*
*sondern in ganz feinen Kleinigkeiten, aus denen wir*
*unser Leben zurechtzimmern.*

Carmen Sylva

*Ein Maßstab für ein gutes Leben:*
*Gott hätte seine Freude daran.*

♥

# Liebe

*Liebe muss nicht perfekt sein,*
*nur echt.*

Unbekannt

♥

*Liebe hält die Zeit an*
*und lässt die Ewigkeit beginnen.*

Chuck Spezzano

♥

*Durch Liebe kann Wahrheit und Gerechtigkeit*
*in der Gesellschaft erreicht werden.*

inspiriert durch Mahatma Gandhi

♥

*Die Kunst der Liebe besteht darin,*
*jemand mit einem Kaktus streicheln zu können.*

♥

*Ein einzelner Mensch reicht,*
*um die Welt zum Leuchten zu bringen.*

♥

## Liberal

*Wir sind liberal, dass es kracht,*
*wir glauben an den freien Willen und den freien Menschen.*
Nebelspalter

♥

Was macht ein gutes Leben aus? Eine gute Haltung, die in allen Herausforderungen Wachstumschancen erkennt. Dazu vielleicht Demut und Dankbarkeit. Liebe und eine liberale Haltung. Das sind eine Menge schöner Elemente. Außerdem immer: Freiheit!

♥

## Meinung

*Wenn die Leute keinen anderen Tyrannen haben,*
*so wird es die öffentliche Meinung.*

Edward Bulwer-Lytton

♥

*Wer seine Meinung nie zurückzieht,*
*liebt sich selbst mehr als die Wahrheit.*

Joseph Joubert

♥

*Wer sich etwas später eine Meinung bildet,*
*kann zuvor verschiedene Ansichten hören und*
*ihnen auch dauerhaft etwas abgewinnen.*

♥

# Nation

*Für die geistige Wohlfahrt der Nation ist die Freiheit der Rede und Gedanken unverzichtbar.*

Wolfgang Sofsky

♥

*Keine Nation der Erde wird geliebt. Man liebt Individuen.*
*Man liebt eine Landschaft. Man liebt Musik.*
*Aber man liebt nicht Kollektive.*

William S. Schlamm

♥

## Persönlichkeit

*Wer keine üblen Gewohnheiten hat,*
*hat wahrscheinlich auch keine Persönlichkeit.*

William Faulkner

♥

*Leute, die herausragen, haben meistens etwas Besonderes.*
*Und das Besondere ist meistens nicht sehr bequem.*

Gregor Gysi

♥

## Positiv

*Ich versuche, aus jeder Situation etwas Positives mitzunehmen,*
*auch wenn es nur die Einsicht ist,*
*nicht zweimal den gleichen Fehler zu machen.*

Claudia Schiffer

♥

*Mach Dir keine Sorgen. Du hast zu viel und zu wenig gesehen,*
*wie alle Menschen vor Dir.*

Marlen Haushofer

♥

## Privat

*Nicht umsonst steht das Private unter ideologischem Verdacht.*
*Unpolitische Bekenntnisse, Wahlabstinenz, Gleichgültigkeit gegenüber dem Machttheater, Mißtrauen gegenüber der Elite, Verweigerung von Applaus – all dies zählt als Verrat an der Demokratie.*

Wolfgang Sofsky

*Privatheit als Sphäre, die mit Grund- und Abwehrrechten gegen den Staat geschützt wird, könnte die Freiheit des Individuums via Grundgesetz wieder stärken.*

Meinungen gibt es wie Sand am Meer. Heute ist es wieder wichtig, ihre Vielfalt anzuerkennen und zuzulassen. Nur *eine* veröffentlichte Meinung, nur *eine* Meinung einer Nation, das ist ein Rezept für eine Katastrophe. Lassen wir uns von *unterschiedlichen* Meinungen und Persönlichkeit inspirieren. Meinungsfreiheit im privaten und öffentlichen Raum sollten wir leben.

## Stärke

*Nur der Schwache wappnet sich mit Härte.*
*Wahre Stärke kann sich Toleranz, Verständnis und Güte leisten.*

Zilly Boesche-Zacharow

*Wer stark ist, kann sich erlauben, leise zu sprechen.*

Theodore Roosevelt

♥

*Feder und Papier entzünden mehr Feuer als*
*alle Streichhölzer der Welt.*

Malcolm Forbes

♥

## Toleranz

*Im Namen der Toleranz sollten wir das Recht beanspruchen,*
*die Intoleranz nicht zu tolerieren.*

Karl Raimund Popper

♥

## Tun

*Du machst keine Fortschritte, indem du am Rand stehst,*
*wimmerst und dich beschwerst.*
*Du kommst voran durch die Umsetzung von Ideen.*

Shirley Chisholm

♥

*Zum Schreiben drängt mich nicht das Gewissen,*

*sondern nur die Unzufriedenheit mit der Welt.*

Patricia Highsmith

♥

*Nicht die Erlebnisse diktieren unsere Handlungsweisen,*
*sondern die Schlussfolgerungen,*
*die wir aus diesen Erlebnissen ziehen.*

Alfred Adler

♥

*Weil ich liebe, was ich tue, bringe ich Dich weiter.*

Caroline Mükusch

♥

Stärke als Ausdruck von Souveränität ist erstrebenswert und geeignet als Vorbild zu dienen. Souveränität ist mit Selbstliebe verbunden und befördert Gelassenheit und Toleranz. So können wir mit unserem Tun andere Menschen bereichern. Die Welt wird ein besserer Platz. Ziehen wir gute Schlussfolgerungen und schreiben sie auf. Der Wert der besseren Ideen wird fruchten.

## Verständigung

*Bücher kommunizieren Ideen und*
*schaffen Brücken zwischen den Menschen.*

Jeanette Winterson

*Bücher sind zuweilen Briefe an Freude oder aber ein Zeugnis der Selbsterkenntnis, so unzureichend es auch sein mag.*

♥

## Verstehen

*Nicht Worte sollen wir lesen,*
*sondern den Menschen, den wir*
*hinter den Worten fühlen.*

Samuel Butler

♥

*Wissen spricht,*
*aber Weisheit hört zu.*

Jimi Hendrix

♥

*Auch das lauteste Getöse großer Ideale*
*darf uns nicht verwirren und nicht hindern,*
*den einen leisen Ton zu hören,*
*auf den alles ankommt.*

Werner Heisenberg

♥

# Wille

*Wille führt zur Tat, Eigensinn in Sackgassen.*

Lisa Wenger

♥

*Wer ehrlich will, was er soll,*
*der kann auch, was er will!*

Joseph von Eichendorff

♥

*Wer nicht kann, was er will, muss wollen, was er kann.*
*Denn das zu wollen, was er nicht kann, wäre töricht.*

Leonardo da Vinci

♥

*Die Welle steht nicht still,*
*Nacht liebt lichten Tag*
*Schön klingt das Wort „ich will"*
*Schöner noch „ich mag!".*

Friedrich Nietzsche

♥

*Der Wille gestaltet den Menschen, zum Erfolg*
*braucht er jedoch Mut und Ausdauer.*

♥

*Wissen ist nicht genug – wir müssen Wissen anwenden können.*
*Der Wille allein reicht nicht – wir müssen handeln.*

Bruce Lee

♥

# Zivilisation

*Derjenige, der zum ersten Mal anstelle eines Speeres ein Schimpfwort benutzte, war der Begründer der Zivilisation.*

Sigmund Freud

♥

*Wenn der Widerstand sich darauf beschränkt,*
*alle vier Jahre irgendwo ein Kreuzchen zu machen,*
*wird sich nicht viel ändern.*

Bärbel Bohley

♥

*Werte kann man nicht lehren, sondern nur vorleben.*

Viktor Frankl

♥

# Zweifel

*Wer recht erkennen will,*
*muss zuvor in richtiger Weise gezweifelt haben.*

Aristoteles

♥

Zu guter Letzt gebührt das Wort einer Dame. Nach all dem verständnisvollen Wollen zum Erhalt unserer Zivilisation ist Handeln gefragt. Die Lady hatte Stil und Charme, konnte trinken und rauchte, erfand „The Look", weil sie so unendlich aufgeregt war, verband als moderne Frau die gute traditionelle Frauenrolle mit Freiheit und Eigenständigkeit sowie politischer Aktivität. Dialoge und Story mancher Filme der 40er und 50er Jahre sind heute unerreicht. Lauren Bacall war überzeugt:

*„Ich denke, in Deinem Gesicht zeigt sich Dein ganzes Leben,*
*und darauf solltest Du stolz sein."*

Lauren Bacall

Führen wir deshalb ein Leben, das lesenswert ist – ob durch Anschauen oder Blättern. Halten wir mit unseren Ansichten nicht hinter dem Berg, nur weil es politisch unerwünscht sein sollte, hingegen schon aus Taktgefühl. Machen wir uns vielmehr die engagierte Haltung Lauren Bacalls zu eigen:

*„Wenn es eine Sache gibt, die ich nie war,*
*dann ist es geheimnisvoll.*
*Und wenn es eine Sache gibt, die ich nie getan habe,*
*dann ist es, den Mund zu halten."*

Lauren Bacall

# Blogbeiträge

## Bewerbungsgespräch mit Herz

Über Bewerbungsgespräche wird regelmäßig und viel geschrieben. Zuweilen reicht ein Beispiel aus, um zu verdeutlichen, worauf es wirklich ankommt. Das ist nicht zuletzt eine Frage der Persönlichkeit.

Ich habe gerade einen Artikel von Rick Stroud in der „Tampa Bay Times“ gelesen. Der Bericht beleuchtet die Gründe für den Wechsel von Tom Brady zu den Tampa Bay Buccaneers. Mein Highlight ist die dortige Schilderung des Bewerbungsgesprächs.

> Einschub für diejenigen, die sich mit American Football nicht beschäftigen: Tom Brady gilt als der größte Quarterback aller Zeiten. Er spielte 20 Saisons für die New England Patriots (Boston) und trug maßgeblich dazu bei, dort eine Dynastie zu schaffen, die nahezu alle relevanten Rekorde gebrochen hat, darunter sechsmal den Super Bowl in weniger als zwei Dekaden zu gewinnen. Tom Brady wird im August 2020 43 Jahre alt. Niemand hat jemals so lange auf so hohem Niveau gespielt. Nun wechselt er zu einer Mannschaft, die bislang im historischen Durchschnitt die schlechteste der Liga war. Das ist in etwa so, als hätte Cristiano Ronaldo von Real Madrid zum RCD Mallorca gewechselt oder vielleicht Sebastian Schweinsteiger zum FC Freiburg. Allerdings verfügen die Bucs über einen guten Coach und ein vielversprechendes Team.

Zurück zum Bewerbungsgespräch. Wie würden Sie sich eine solche Situation vorstellen?

Im Vorfeld wurde spekuliert, Tom Brady wolle noch einmal viel Geld verdienen, eine Mitsprache oder gar Kontrolle über den

Offensivteil der Mannschaft fordern und bei der Auswahl neuer Spieler mitreden.

Rick Stroud schildert das neunzigminütige Bewerbungsgespräch wie folgt: Die Bucs hätten sich einen detaillierten Plan zurechtgelegt, um mit einem aggressiven Angebot Brady überreden zu können. Indes habe Brady einen großen Teil der Konversation bestritten und den Coach Bruce Arians sowie den General Manager Jason Licht mindestens so intensiv gefragt wie umgekehrt. Bradys Vorbereitung sei so professionell gewesen wie üblich: Top Level und noch höher. Er habe bereits alles im Detail über die Offence gewusst, über die einzelnen Spieler, und er sei begeistert gewesen, mit den beiden herausragenden Wide Recievern spielen zu können. Er habe seinen potenziellen Arbeitgeber nicht über die Spieler gefragt, sondern ob es gute Menschen seien. Und er wollte alle Telefonnummern, um sich rasch mit jedem bekannt zu machen.

*Professionalität als Herzenssache*

Tom Brady genießt den Ruf, sich akribisch auf jedes Spiel vorzubereiten, stundenlang, tagelang. Das trifft offenbar auch auf das Bewerbungsgespräch zu: akribisch, das Wesentliche identifiziert, warum zusammenarbeiten. Dementsprechend dürfte es darum gegangen sein, wie sich beide Seiten gemeinsam verbessern können: „Wie kannst Du uns helfen?“ lautet schon die Standardfrage an potenzielle Spieler bei den Pats. Wer seinen Arbeitgeber sorgfältig analysiert hat, kann die richtigen, wichtigen Fragen stellen. Anschließend werden beide von der Wahl überzeugt sein. Außenstehende und Experten, die sich wundern, offenbaren damit eher ihr Unwissen.

Brady gilt als einer der wettbewerbsstärksten Spieler, der keine Konkurrenz scheut, vielmehr bereits ist, tatsächlich alles zu geben und zu opfern. Sein ganzes Leben, von der Ernährung über Training bis zum Schlaf, hat der Familienmensch auf Football eingestellt; die Sportart, die er aus tiefem Herzen liebt. Zugleich ist seine positive Weltsicht beeindruckend und lehrreich. In Fotomontagen erscheint er – mit Augenzwinkern – als moderner

Jesus. Seine ausführliche, bewegende Reflexion über den Tod von Kobe Bryant spricht Bände. Und sein Abschied von den Pats und seine Vertragsunterschrift bei den Bucs auf Instagram zeigen exemplarisch sein großes Herz[1].

Nun gehört zu TB12 (sein Spielerkürzel und zugleich seine Sportmarke) wie zu jedem Sportler ein Image. Das wird auch in der Auseinandersetzung mit anderen gepflegt. Zugleich dürfen kleine Auftritte wie dieser, nachhaltig beeindrucken: Als bei einer Pressekonferenz ein kleiner Junge Tom Brady fragte: *„What do we do about haters?"* antwortete der Ausnahmespieler: *„We love them. Because we don't hate back."* Dazu passend hat seine Frau, das brasilianische Supermodell Gisele Bündchen, ein autobiographisches Buch mit ähnlichem Tenor geschrieben[2].

Ich hatte auf einen Wechsel zu den Bucs gehofft. Wer die Offence letzte Saison und das Potenzial der jungen Defence sowie die ordentliche Offensive line gesehen hat, kann das Potenzial in der neuen Saison mit Brady einschätzen (sollte gespielt werden). Mögen Brady und die Bucs Freude am Spiel haben! Brady wird Fun durch Erfolg anstreben. Möge Mahatma Gandhi zutreffen: *„Wer den Weg der Wahrheit geht, der stolpert nicht."*

P.S. Februar 2021: Tom Brady und die Bucs haben den Super Bowl gewonnen – als erste Mannschaft im eigenen Stadion.

---

[1] Mehr zu Tom Brady als antifragile Persönlichkeit im 1. Band „Freiheitsliebe" im Abschnitt *Charaktere*.

[2] Meine Rezension zu Gisele Bündchens Buch ist in Band 2 „Mehr Freiheitsliebe" unter der Überschrift „Lehren für ein besseres Leben – von einem Supermodell" enthalten.

# Bessere Bildung – bessere Schulen – mehr Schulautonomie

„*Schule als Ort des Vertrauens - Ein Plädoyer für mehr Mut zu Schulautonomie*". Das ist Signal und Botschaft zugleich von einer Gruppe junger Menschen rund um das Prometheus Institut in Berlin. Wer sich gute Bildung für jeden einzelnen Schüler wünscht, der kann nicht beim „weiter so" stehen bleiben.

Mehr Autonomie für die Schulen, für passgenaue Angebote, die sich an den Schülern orientieren. Nicht nur lebenslanges Lernen für die Schüler, sondern auch für die Schulen. Die stetige Verbesserung, der ständige Lernprozess gelingt indes nicht in den Amtsstuben den Schulbehörden.

Verbesserung und Verantwortung sollte bei denen liegen, die dafür ausgebildet wurden, und sollte zu denen verlagert werden, die davon betroffen sind. Das sind die Schulen mit den Lehrern, Schülern und Eltern.

Das Konzept der Schulautonomie fußt auf drei Prinzipien:

1. den Menschen vor Ort vertrauen,
2. auf das Individuum eingehen,
3. Vielfalt als Chance begreifen.

Wer auf die Güter und Dienstleistungen schaut, die Unternehmen in einer Marktwirtschaft erbringen, der wird dort Amtsstuben vergeblich suchen, dafür Vielfalt, Autonomie, gerade auch Wettbewerb um bessere Lösungen und ein gemeinschaftliches Wirken vieler finden.

Schulautonomie ist längst keine abstrakte Idee mehr, sondern gelebte Praxis und längst weltweit bewährt – von Schweden bis Nigeria und Indien.

Bildungsgerechtigkeit ist nicht durch ein pauschales Konzept möglich, sondern durch Schulautonomie.

Wer von dieser Idee noch nicht überzeugt ist, kann sich inspirieren lassen durch

- ♥ das kurze Video „Schulautonomie“ vom Prometheus Institut und durch
- ♥ die begleitende Broschüre in Buchumfang „Schule als Ort des Vertrauens. Ein Plädoyer für mehr Mut zu Schulautonomie“ oder durch
- ♥ die Forderung eines gebildeten Menschen, der als Bundespräsident sagte:

„*Geben wir den Schulen wieder mehr Verantwortung zurück! Ich habe nie verstanden, warum ein Schulleiter bei der Entscheidung über Sachmittel und Personal weniger Spielraum hat als der Sachbearbeiter in einer Schraubenfabrik. Und warum haben wir uns bislang gescheut, unsere Schulen in einen Vergleich treten zu lassen, der den Wettbewerb fördert? Könnten dann nicht die guten Schulen das Vorbild und den Ansporn für andere geben, die eigenen Angebote zu verbessern?*“

Roman Herzog, 1997

# Deutsche Freiheitsrevolution in österreichisch-amerikanischer Perspektive

Vor 30 Jahren durchbrachen die Deutschen die Mauer und schlüpften schon zuvor über Ungarn durch den Eisernen Vorhang. Eine Freiheitsrevolution nahm ihren Lauf.

Die anschließende Wiedervereinigung war wie die Freiheitsrevolution selbst kein Glück im Sinne einer glücklichen Fügung, sondern die mutige Überwindung eines Menschen verachtenden sozialistischen Regimes an dessen Spitze eine spießige Partei mit perfider Propaganda und Kontrolle der Bürger stand. Gleichwohl dürfen wir selbstverständlich aus vielerlei Gründen glücklich sein.

Entgegen des im Sprachgebrauch verfestigten Begriffs handelt es sich auch nicht um eine Wende. Der Kollaps des Sozialismus war keine normale Wende, kein einfacher Richtungswechsel, sondern ein tiefgreifender Wandel nach einer friedlichen Revolution hunderttausender Bürger gegen ein Unrechtsregime. Wenn man den Begriff verwenden möchte, dann scheint es angebracht, von einer radikalen und schicksalhaften Wende zu sprechen.

*Kritik des sozialistischen Siechtums*

Die Implosion des Sozialismus nach Jahren des Siechtums hatten kluge Köpfe vorhergesehen. Sie gehörten nicht zum Mainstream, weder politisch noch publizistisch und auch nicht wissenschaftlich. Der hoch betagte Nobelpreisträger Friedrich August von Hayek soll sich beim Fall der Mauer außerordentlich über die Tatkraft der Jugend gefreut haben. Er sah, wie sein jahrzehntelanger Einsatz für die Freiheit und seine Warnung vor der Knechtschaft vom Erfolg gekrönt wurde. Sein Lehrer Ludwig von Mises hatte bereits 1920 in dem Aufsatz „Die Wirtschaftsrechnung im sozialistischen Gemeinwesen" gezeigt, dass

Sozialismus mangels Koordination von auf Privateigentum beruhenden Preisen zum Siechtum verurteilt ist.

Mises und Hayek hätten heute wieder enorm viel zu tun, ob in der Klimapolitik und bei der Preispolitik für Mieten oder dem mächtigen Vordringen bürokratisch-etatistischen Denkens. Das gilt auch für die Rolle des Unternehmers, den beide sowie Israel Kirzner und Murray Rothbard als Entrepreneur, Wissensstifter, Risikoträger und findigen Arbitrageur erkannten. Wie trist ist das öffentliche Bild des Unternehmers heute? Begeisterung für Gründer, obwohl Start-ups sich als Unternehmen noch nicht bewährt haben, und massive Kritik an den vermeintlichen Ausbeutern, deren Aufgabe die Staatsbürokratie angeblich besser leisten könne, dominieren.

Die Österreicher wussten noch, was eine gute Ordnung auszeichnet. Das galt für die Wirtschaft, in der eine Einheitspartei, aber auch ein überbordender, bis ins Absurde gesteigerter Regulierungsstaat das Koordinationsproblem erschwert. Und für die Politik, wo statt deren Begrenzung eine uferlose Ausweitung der Zuständigkeit bis in die privatesten Bereiche der Bürger vorgedrungen ist. Die Österreicher standen mit ihren Auffassungen in Fundamentalopposition zur DDR und können gerade heute als kluge Kritiker und anregender Denker für essentielle Reformen gelesen werden. Der amerikanische Präsident Ronald Reagan, der Hayek teilweise gelesen hatte, forderte den russischen Präsidenten an der Mauer vor dem Brandenburger Tor auf, diese niederzureißen. Reformen in Neuseeland, Schweden oder Großbritannien haben von Hayek & Co. Profitiert.

*Kollektivismus*

Die Freiheitsrevolution markiert eine Zäsur in der deutschen Geschichte. Sie ist ein epochales Ereignis. Sie steht am Ende der grausamen kollektivistischen Gesellschaftsexperimente, deren Teilung in links und rechts für Ablenkung und Verwirrung sorgt. Die gemeinsame Frontstellung von extremistischen Linken und Rechten gegen Freiheit und Recht ist eine zeitlose Herausforderung. Der Totalitarismus des Dritten Reichs und der

Autoritarismus des SED-Regimes unterschieden sich erheblich – beide bilden aber als antiliberale, antikapitalistische Unrechtsregime verschiedene Facetten eines Wegs in die Knechtschaft.

Die deutsche Geschichte ist nicht reich an Freiheitsrevolutionen. Das liegt nicht an einem überbordenden Maß an gesicherter Freiheit. Immerhin gilt 1848 zurecht als große Freiheitsrevolution. 1919 scheiterte eine sozialistische Revolution, nachdem der imperialistische Nationalismus in einem totalen Krieg sein Ende gefunden hatte.

*Freiheitsrevolutionen*

1989 war auch kein singulär deutsches Ereignis. Das Abwerfen der Ketten war nicht einmal primär eine deutsche Errungenschaft. Nach dem 17. Juni 1953 und dem Einsperren der DDR-Bürger durch den Mauerbau ab August 1961 ragen der Prager Frühling 1968 und die aus den Streiks 1980 hervorgegangene Solidarnosc-Gewerkschaft in Polen als Inbegriff von Widerstand und Freiheit hervor. Es waren die Mittel- und Osteuropäer, die den Eisernen Vorhang niederrissen, nicht zuletzt die Ungarn, die erst ein Loch hineinschnitten, um Deutschen die Ausreise zu ermöglichen und ihn dann ganz zu beseitigten.

Als Treppenwitz der Geschichte kann gelten, dass mit dem Fall der Mauer eine der am besten erhaltenen Immobilien der DDR in die Hände von Kapitalisten gelangte. Die haben an ihrer Stelle in Berlin Einkaufszentren, öffentliche Plätze und Büros errichtet – und Gedenkstätten. Die Mahnung vor neuen Mauern bleibt: Errichtet keine neuen Mauern! Weder in den Köpfen noch auf der Erde, nicht gegen politisch unliebsame Konkurrenz, nicht ideologisch gegen alle, die nicht links, etatistisch, sozialistisch oder ökologistisch sind, nicht gegen osteuropäische Staaten und nicht gegen Unternehmer, die unsere Welt jeden Tag ein Stück weit verbessern.

Ein berühmter Staatsführer urteilte kurz nach dem Bau der Mauer: *„Die Mauer ist die abscheulichste und stärkste Demonstration für das Versagen des kommunistischen Systems.“* Er stellte zudem treffend fest: *„Ein Leben in Freiheit* *ist nicht leicht, und die Demokratie ist nicht vollkommen. Aber wir hatten es nie nötig, eine Mauer aufzubauen, um unsere Leute bei uns zu halten und sie daran zu hindern, woanders hinzugehen.“*

Es wäre schön, wenn Berlin einmal wieder als Stadt der Freiheit erkennbar wäre und ein umjubelter Redner der Menschenmenge zurufen würde: *„Meine Berliner und Berlinerinnen, ich bin stolz, heute in Ihre Stadt zu kommen als Gast Ihres hervorragenden Regierenden Bürgermeisters, der in allen Teilen der Welt als Symbol für den Kampf- und Widerstandsgeist West-Berlins gilt.“*

# Falsche Flagge: Etatismus nicht Sozialismus

Ein Schreckgespenst wird an die Wand gemalt. Deutschland sei auf dem Weg in den Marktsozialismus. Die größte Bedrohung für Freiheit und Wohlstand sei der wiedererstarkende Sozialismus. Schlagzeilen häufen sich: Deutschland marschiert in Richtung Sozialismus. Einfallstor Sozialismus. Neue Lust am Sozialismus. Publizistisch ist das nachvollziehbar, zumal sensationalistisch.

Sozialismus redivivus ist indes eine problematische Warnung. Zumindest, wenn man die Rückkehr des SED-Regimes mit seiner Zentralplanwirtschaft und der autoritären bis totalitären Machtausübung inklusive eines MfS-Überwachungssystems als Maßstab nimmt.

Honecker 2.0 und sein brutales Spießerregime stehen nicht ante portas. Niemand mit politischem Einfluss will die DDR wieder errichten, weder in Deutschland noch in der EU. Das gilt erst recht für das sowjetische Modell.

Die Aufhebung des Privateigentums, das Festsetzen von Preisen und Löhnen, die Aufhebung der Individualrechte, des Unternehmertums, der politischen, letztlich aller Freiheit steht nicht auf der Agenda. Gemeint sein dürfte vielmehr die Warnung vor einem schleichenden Wandel von Wirtschaft und Gesellschaft hin zu herrischen, rigiden Verhältnissen. Die Verwendung des falschen Begriffs ist ein folgenreicher Kategorienfehler.

Vor einer Rückkehr des Nationalsozialismus wird nicht gewarnt, aber vor Rechten und vor Nazis. Das ist bemerkenswert und könnte einen Erkenntnisverlust bedeuten.

Politikökonomisch betrachtet illustrieren Nationalsozialismus und faschistische Regime der Zwischenkriegszeit Vermachtungen mit spezifischen Formen eines Primats der Politik, überwiegend fortbestehendes Privateigentum mit eingeschränkten Verfügungsrechten, ferner staatlich gelenkte Unternehmen und eine Transformation des Rechts für politische Zwecke. Die Nationalsozialisten errichteten im Frieden keine Plan-, sondern eine Organisationswirtschaft.

In einer bei Cambridge University Press erschienenen Studie bezeichnet der amerikanische Ökonom Randall G. Holcombe diese Ordnung als eine extreme Form des Politischen Kapitalismus. Zu den Wesensmerkmalen gehört ein institutioneller Rahmen, der es der Elite ermögliche, das System zum eigenen Vorteil zu gestalten und dabei Produktivität vom Gewinn zu entkoppeln. Die politische Elite werde von der ökonomischen getragen, der wiederum Privilegien eingeräumt werden. Andere Analysten nennen das Neofeudalismus.

*Politisch gelenkte Wirtschaft*

Im Politischen Kapitalismus werden Vorteile auf wenige Menschen konzentriert, während die Kosten viele zu tragen haben. Das erinnert an die Abwrackprämie, die Mietpreisbremse und an viele wettbewerbsfeindliche Regulierungen, die aus Kollaborationen zwischen Politik, NGOs und Konzernen entstehen. Eine unzureichende Gewaltenteilung erlaubt es den Mächtigen, das System zum Erhalt ihres Elite-Status zu gestalten.

Das Problem ist folglich nicht ungezügelter Kapitalismus, sondern ungezügelte Politik. Die Marktwirtschaft wird nicht von Verbrauchern, sondern von politischen Koalitionen gelenkt. Produktivität und die Fähigkeit zur Innovation nehmen sukzessive ab.

Sklerose macht sich breit, säkulare Stagnation genannt.

*Erkenntnisgewinn*

Der Charme des politikökonomischen Ansatzes besteht wissenschaftlich in der fruchtbaren Verbindung etablierter interdisziplinärer Theorien:

Ordnungsökonomik plus Elitentheorie plus Public Choice, gekaperter Regulierungs- und dysfunktionaler Wohlfahrtsstaat inklusive.

Ein weiterer Vorteil: Sowohl Liberale mit ihrem Denken in den Kategorien Freiheit und Zwang als auch Linke mit ihrem Blick auf Unterdrückte und Unterdrücker finden Platz in dem Ansatz.

Zurück zum Sozialismus. Die wortgewaltige Warnung lenkt von einer weitaus trivialeren, aber fundamentaleren Gefahr ab: dem Etatismus. Das Politisieren von Wirtschaft und Gesellschaft birgt nicht nur die Gefahr, dass beide sukzessive dem Primat der Herrschenden unterworfen werden. Vielmehr dringen Rationalität und Logik der Bürokratie in Wirtschaft und Gesellschaft vor. Verordnungskonformes Handeln wird zur Leitlinie. Hierarchie tritt an die Stelle von Vielfalt, Dezentralität und Pluralismus in Wirtschaft und Gesellschaft. Moralisierung verstärkt das Einheitsdenken und die Sehnsucht nach einem Ende der Widersprüche. Sicherheit verdrängt das Entdeckungsverfahren. All das geschieht in einer disruptiven Zeit, die mehr denn je eine Vielfalt von Lösungsansätzen erfordert.

*Destruktiver Etatismus*

Es geht hier nicht um eine Kritik der Bürokratie oder des Staates per se, sondern um eine Kritik seiner ungerechtfertigten, aneignenden und distributiven Aktivitäten. Das führt zu einer Kritik des Exekutivstaates, dessen bürokratische Herrschaft sich auf Bereiche ausbreitet, in denen sie nichts zu suchen hat und Grundrechte eingeschränkt werden.

Die damit verbundenen Probleme sind mannigfaltig: Zentralisierung von Fehlern wie die politische Wahl der schlechtesten von sieben Alternativen für den neuen Flughafen in Berlin, ferner Interventionsspiralen und die Verregelung des Lebens. In Schwarzbüchern wird die jährliche Verschwendung dokumentierte. Hinzu kommen Strukturkonservierung für Interessengruppen, Anmaßung von Wissen, Präferenz für Einheitlichkeit, Langsamkeit und Standardisierung.

Die Corona-Krise zeigt, wie schwer sich Staatsführungen tun, trotz mehrmonatigem Vorlauf bis zur aktuellen zweiten Welle, und wie sehr pauschale Anordnungen an die Stelle differenzierter Betrachtungen von Regionen und Unternehmen mit optimalen Hygienekonzepten treten. Von einem integrierten gesundheitlichen, wirtschaftlichen und sozialen Ansatz ist zumindest in der Öffentlichkeit wenig zu sehen.

Trivialer und gravierender als das Schreckgespenst Sozialismus ist heute der Exekutivstaat. Das mag kaum jemand sehen, weil der Staat die große Illusion ist, nach der jedermann auf Kosten von jedermann leben kann.

Die Alternative zum „Weiter so“ ist die Strukturreform – das wirksame und konsequente Trennen der Ordnungen, der Gewalten, von Mein und Dein. Aus liberaler Sicht mutet das wie eine Jahrhundertaufgabe an.

# Finanzielle Soziale Ungerechtigkeit

Über „soziale Ungerechtigkeit“ wird viel geklagt. Was der diffuse Begriff genau bezeichnen soll, bleibt unklar. Der Tenor lautet überwiegend, dass Wohlstand ungleich verteilt ist, genauso wie die Chancen, ein gleich erfolgreiches, gleich glückliches, gleich wohlhabendes Leben zu führen.

Liberale können dem Begriff, dem beliebig füllbaren „Wieselwort“ im Sinne Hayeks, wenig abgewinnen. Gerechtigkeit und Ungerechtigkeit beziehen sich auf das Recht und dessen Durchsetzung. Handeln im Einklang mit dem Recht ist gerecht. Recht ist per se sozial, nie asozial. Offensichtlich gibt es Unrecht. Recht wird durch das Hinzufügen des Adjektivs sozial indes lediglich deformiert.

Gleichwohl lohnt es sich, einen Gedanken zu verfolgen, der sich mit „sozialer Ungerechtigkeit“ verbinden lässt. Er entspringt dem Gefühl, Eliten würden sich unverhältnismäßig und auf moralisch sowie möglicherweise rechtlich unzulässige Weise bereichern. Das vielfältige, unübersichtliche Feld wird u.a. unter dem Schlagwort Bad Governance, also schlechte Regierungsführung, behandelt. Dazu gehören diverse Formen der Privilegierung, der Korruption und des Nepotismus, des Aneignens von Ressourcen und von Produktivitätsgewinnen durch die Staatsführung, die Staatsbürokratie eingeschlossen. Ein beredtes Beispiel sind die arabischen Regime, gegen die sich die Öffentlichkeit im Zuge des Arabischen Frühlings auflehnte.

Eine andere Form von Macht-Missbrauch findet in der finanziellen Sphäre statt. Ein Schlagwort lautet „Finanzielle Repression“. Damit ist die „Finanzielle Soziale Ungerechtigkeit“ (FiSU) nicht weit – zu ihr gehören u.a. folgende Aspekte:

- Seit der unnatürlichen Triple-N-Politik (Niedrig-, Null- und Negativzinspolitik) ist ein erheblicher Teil des Sparens obsolet geworden, nämlich die Verzinsung nicht konsumierten Kapitals. Eine ganze Generation wächst auf, ohne echtes Sparen kennenzulernen. Zugleich steigen die Anreize, Schulden zu machen.

- Damit fällt der klassische Weg des (bescheidenen) Wohlstandsaufbaus weg. Gerade die Menschen und Schichten mit geringem Vermögen können sich einen sozialen Aufstieg schwerer erarbeiten und ersparen und das erreichte Niveau schwerlich halten.
- Hinzu kommt, dass die inflationsbedingte Teuerung die unteren Einkommens- und Vermögensschichten besonders trifft. Das gilt sowohl für Konsumgüter als auch für Vermögensgüter, etwa als steigende Mieten.
- Von den Nicht-Zinsen profitieren die Staatsführungen – die entgangenen „Gewinne" der Bürger korrespondieren mit den größeren Ausgabenspielräumen der staatlichen Eliten.
- Vom Anstieg der Vermögenspreise profitieren die Vermögenden.
- Die vielfach unproduktive Finanzialisierung verschiebt Bedeutung und Einfluss weg von der Realwirtschaft hin zur Finanzwirtschaft.

Die neue Umverteilung erfolgt schleichend, anders als bei der Hyperinflation 1923 und bis zur Währungsreform 1948.

Die Distanz zwischen sogenannten Eliten und der Bevölkerung wächst.

Das ist kein dauerhaft tragfähiger Zustand. Reformen, die eine echte Marktwirtschaft wieder herstellen, sind das Gebot des Jahrzehnts – jeder Schritt zählt.

# Ein wunderbares Gedicht über Marktwirtschaft und spontane Ordnung

Wir Menschen denken in Ursache-Wirkungszusammenhängen. Ereignisse ohne direkt erkennbare Ursache bezeichnen wir gerne leichthin als Zufall, Glück oder Unglück. Denken in Wahrscheinlichkeiten fällt vielen Menschen schwer. Das überrascht nicht, gilt es doch tagein, tagaus Aufgaben zu erledigen, Ziele zu erreichen, Pflichten zu erfüllen.

Darüber vergessen wir immer wieder, uns zu wundern und zu erfreuen an all den Dingen, die das Ergebnis menschlichen Handelns sind und doch von niemandem so geplant wurden.

Die für Liberale vielleicht berühmteste Geschichte ist „*Ich, der Bleistift*" von Leonard Read. Das liegt vielleicht auch daran, dass kein einzelner Mensch in der Lage ist, alleine etwas so Simples herzustellen wie einen einfachen Bleistift. Das Wunder der Arbeitsteilung, des harmonischen Zusammenwirkens unzähliger Menschen, wird dort einzigartig anschaulich erzählt.

In Buchform ähnelt der Dank an alle Menschen, die zur Herstellung des Morgenkaffees von A. J. Jacobs beigetragen haben, „*Thanks a Thousand*", jener Geschichte über die Herstellung eines Bleistifts. Denn auch an der Herstellung eines 3-Dollar-Kaffees in einem To-Go-Becher wirken unüberschaubar viele Menschen mit – 1.000 von ihnen hat A. J. Jacobs persönlich gedankt.

Nun hat der von mir sehr geschätzte Russ Roberts auf einer sehr schön gestalteten Seite sein Gedicht „*It's a Wonderful Loaf*" veröffentlicht. Das Gedicht steht in der Tradition der wunderbaren Arbeitsteilung von Adam Smith, der von Friedrich August von Hayek herausgearbeiteten Funktionsweise der spontanen Ordnung sowie der Beobachtung von Frédéric Bastiat, die Einwohner von Paris würden ruhig schlafen können, obwohl es keinen Brot-Baron gebe, der die Herstellung und Verteilung von Brot organisiert.

> *Das Gedicht findet man auf der Homepage: https://wonderfulloaf.org/poem. Es gibt außerdem ein Video und schließlich viele, auch hörbare Anregungen zum Vertiefen: https://wonderfulloaf.org.*

Wunderbar gestaltet und ein zeitloser Inhalt – zum Staunen und Begreifen.

# Vom Glück der Natur

Eine weiter zunehmende Verstädterung prägt das 21. Jahrhundert. In den entwickelten Flächenstaaten leben rund Dreiviertel der Bevölkerung in Städten. Zugleich suchen viele Menschen die Natur, zumeist allerdings nur als kurzes Ausflugsziel. In der modernen Angestelltengesellschaft sind Wind und Wetter Anlass, die Funktionskleidung zu wechseln. Der Mensch hat die natürliche Umgebung, aus der er stammt, weitgehend verlassen. Naturbeherrschung ist auch heute noch eine mindestens unterschwellige, selbstverständliche Haltung. Zugleich boomt ein mystisches, quasireligiöses Naturverständnis.

Während viele Menschen zwischen Naturbeherrschung und Naturverherrlichung hin- und hergerissen sind, gibt es auch andere Perspektiven – mit bedenkenswerten Verbindungen in die liberale und österreichische Erkenntniswelt.

*Geheime Gärten*

Alexander Rüstow bezeichnete den Garten als Vitalraum: „*Der Garten ist der eigentliche Lebensraum der Familie. Der Garten bildet die eigentliche Vitalsituation der Familie ...*“ Zudem sah er wie sein Mitstreiter Wilhelm Röpke und viele andere den Garten als kulturelle Errungenschaft.

Exemplarisch sichtbar wird die menschliche Leistung, die mit erbaulicher Schönheit und Vielfalt einhergeht, in den geheimen Gärten der Cotswolds. Die Cotswolds, auch als Herz von England bezeichnet, sind eine hügelige Landschaft im Westen von Oxford, die sich bis nach Cheltenham und im Süden bis nach Bath erstreckt. Charakteristisch sind die gelblichen Kalksteinhäuser.

Wer sich die faszinierenden geheimen Gärten anschauen möchte, die vielfach nur einen Tag im Jahr für die Öffentlichkeit geöffnet werden, kann sich einen Eindruck in dem Buch „*Die geheimen*

*Gärten von Cotswolds*“ verschaffen. Die Texte des Bildbands hat die frühere Chefredakteurin der Zeitung The Independent und heutige Journalistin mit Schwerpunkt Gärten und Gartenbau, Victoria Summerley, geschrieben. Die Fotos stammen vom bedeutenden Porträt-Fotographen Hugo Rittson-Thomas. Beide waren nie zur gleichen Zeit im selben Garten.

Was macht den Blick in die Gärten so eindrucksvoll? Zunächst sind es offensichtliche Dinge wie üppige Schönheit, die beeindruckende Gartenarchitektur sowie der Reichtum an Farben und Formen, zumal in ihrem Zusammenspiel. Hier tritt die von Menschenhand und manchem Bagger gestaltete Natur in voller gepflegter Pracht in Erscheinung. Menschen mit einer besonderen Vorstellungskraft stehen dahinter, mit der Fähigkeit, auf Jahre hinweg zu gestalten und durchzuhalten. Menschen, die ihr Vermögen, ideelles und materielles, eingesetzt haben, erdverbunden, gestaltend, aus Traditionen und Erfahrung schöpfend. Mehre portraitierte Gärten sind aus verwildertem Grund und Boden geschaffen worden, darunter Kingham Hill House, wo es auch einen Lavendelgarten gibt.

Mit militärischer Disziplin, aber ohne großen Plan gestaltete Robert Cooper den Garten in Ablington Manor, der nicht zuletzt Ergebnis eines glücklichen Zufalls bei der Lösung von Problemen ist, darunter ein Gefälle. Vielfach betreuen nur zwei bis drei Menschen in Teilzeit die riesigen Gärten. Umso mehr Einsatz zeigen die Besitzer, die mit für Gärtner typischen Altersleiden wie Arthritis in Hüften, Knien und Händen im Alter bezahlen. Es gibt auch Chefgärtner wie Neil Hewertson, der seit dreißig Jahren bei Lord und Lady Vestey in Stowell Park angestellt ist – ein „Paradies für Perfektionisten“ mit „Rasen wie kostbare Teppiche“.

Im sichtbaren Mittelpunkt der wunderbaren Gärten stehen gärtnerisches Unternehmertum, Gestaltungssinn und -wille, viel Expertise und Experimentieren, durchdrungen von einer intensiven Bindung an die kultivierte Natur.

*Zurück in die Wildnis*

Für eine gegenteilige Gestaltung steht „*Wilding. Returning Nature to our Farm*“ von Isabella Tree. Die britische Autorin und ihr Mann, Sir Charles Burrell, haben Knepp Castle in West Sussex, südlich von London, rund 25 Kilometer von der Küste entfernt, zwei Jahrzehnte erfolglos landwirtschaftlich bewirtschaftet.

Unmittelbar vor dem endgültigen Scheitern vollzogen sie einen radikalen Kurswechsel. Statt die Flächen für landwirtschaftliche Fremdnutzung zu verpachten, renaturierten sie ihren gesamten Grund und Boden nach dem Ideal der Wildnis in England, bevor der Mensch eingriff. Dazu überließen sie die Natur nur teilweise wieder sich selbst, da sie gezielt Wildtiere ansiedelten wie Schweine (Tamworth pigs), Rinder (Old English Loghorn) und Pferde (Exmoor), die mitunter ihren ausgestorbenen Vorfahren am nächsten kommen, aber auch Damm- und Rotwild.

Faszinierend ist, mit welcher Geschwindigkeit die Natur sich die landwirtschaftlichen Flächen zurückerobert, wie rasch seltene und (nahezu) ausgestorben geglaubte Tiere in die Wildnis zurückkehren, wie sehr alles mit allem zusammenhängt: das Aufrüsseln des Bodens durch Schweine, die Kuhfladen, die Mistkäfer anziehen, binnen 60 Sekunden. Auf einem einzigen Kuhfladen wurden 23 (!) verschiedene Arten identifiziert. Die Vögel, die zurückkehren, darunter seltene Tauben, die zusammen mit der überbordenden Menge an Insekten für ein vibrierendes Gesurre, Gezirpe und Geschnatter sorgen. Die teils losgetretenen, teils losgelassenen Prozesse sind dynamisch, haben jede Menge unbeabsichtigte Konsequenzen, fügen sich zu einer spontanen, emergenten Ordnung, nachdem das britische Ehepaar den Kampf gegen das Land aufgegeben hatte. Entkräftete und durch Chemie und Pflügen in Mitleidenschaft gezogenen Büsche und Bäume erwachen. Seltene Pflanzen sprießen, seltene Arten werden angezogen.

Das nicht zuletzt mit Steuerzahlergeldern finanzierte Projekt wirft Erträge durch Wildlife-Tourismus und Fleischverkauf ab und erhält Gelder, weil die Reinigung des Wassers, das durch das Gebiet fließt, beträchtlich ist. Das Projekt wurde von Beginn an intensiv wissenschaftlich begleitet. Das Buch stellt selbst eine bemerkenswerte, lebendige Verbindung von Wissenschaft, Natur und Poesie dar. Isabella Tree ist die Freude, das Staunen, die Begeisterung der wunderbaren Aufgabe und ihrer ungeahnten Folgen anzumerken.

*Zeitlose Lehren*

Last, but not least wird deutlich, wie lernfähig der Mensch sein kann. Aus industrieller Landwirtschaft, staatlich reguliert und subventioniert, wurde wild wachsende, ungezähmte Natur, auch reguliert und subventioniert. Eine Herausforderung besteht darin, die wilde Natur in Großbritannien zu mehren, aber nicht dem Irrtum anheim zu fallen, dies sei für 66 Millionen Briten oder 7 Milliarden Menschen der Weg in die Zukunft.

Dennoch: Natur ist heilsam. Unserem Fortschritt, gerade in den entwickelten Staaten, tut mehr Natur gut. Ein vitales Leben besteht nicht aus mehr Einkommen, mehr Technik und weniger Arbeitszeit allein. Das „*Glücksgefühl des arbeitenden Menschen*“ müsse gerade nicht „*proportional der Lohnhöhe und umgekehrt proportional der Arbeitszeit*“ sein, wie Alexander Rüstow treffend kommentierte. Naturnähe, prosperierendes Familienleben, sinnvolle Arbeit und beruhigendes Wohnen jenseits von Häuserschluchten tragen dazu bei, genauso wie Muße sowie die Abwesenheit von Hetze und betäubender Sinnlosigkeit großstädtischer Vergnügungen und Zerstreuungen, wie der Universalgelehrte hervorhob. All das ist mit unserem beträchtlichen Wohlstand, den Unternehmer, engagierte Arbeitnehmer und klug investiertes Kapital hervorbringen, zunehmend möglich.

Die künftige Entwicklung dürfte in einer Gestaltung und in einer Zusammenarbeit mit der Natur liegen. Das bedeutet auch, weder die Natur zu unterwerfen noch sie zum Fetisch zu machen. Ökonomie und Ökologie sind wohlverstanden keine Gegensätze.

# Humor tut gut – Ronald Reagan als Vorbild

Politiker haben einen schlechten Ruf. Ihr Ansehen als Berufsgruppe ist geradezu unterirdisch. Wer sich in Deutschland umsieht, findet hinreichend Beispiele, um diese Tatsache zu bestätigen – parteiübergreifend. Das politische Personal und die politischen Themen dürften dabei eine Rolle spielen. Der Politik ist nicht nur längst das Gemeinwohl abhandengekommen, sondern auch der Humor.

Ronald Reagan gilt als einer der größten Präsidenten der USA. Hier soll es nicht um Größe gehen und nicht darum, ob Politiker überhaupt angesehen sein sollten. Vielmehr möchte ich nur kurz die Aufmerksamkeit auf etwas lenken, das der 40. Präsident der USA beherrschte wie kaum ein anderer:

Ronald Reagan gab den Menschen Zuversicht, er verbreitete eine Aufbruchsstimmung und hielt die Werte und Prinzipien der Verfassungsväter hoch. Das tat er mit viel Humor.

*Humor beflügelt*

Wer sich eine Kompilation der Reagan Foundation über seinen Humor anschaut, wird das sofort verstehen und nicht umhinkommen, zu schmunzeln, vermutlich sogar angesteckt werden von der Vitalität des bei Amtsantritt 70jährigen.

Dazu gehört eine Passage aus seiner ersten State of the Union Address vor dem Kongress, in der er – sehr aktuell – die Korrektheit von Informationen ansprach und schmunzelnd darauf hinwies, dass er das von ihm soeben verwendete Zitat des 1. US-Präsidenten, George Washington, aus dem Jahr 1790 nicht selbst gehört habe. Eine Anspielung auf sein Alter. Der Kongress bebte.

An anderer Stelle kritisierte er doppeldeutig nicht nur die fehlende Meinungsfreiheit in der Sowjetunion, sondern zugleich auch seine Amtsführung. Farmer-Witze gehörten zu seinem

Repertoire. Als er nach einem schweren Attentat seine erste Rede vor dem Kongress hielt, las er einen Brief eines kleinen Jungen vor, der ihm gute Besserung wünschte, damit er nicht im Schlafanzug regieren müsse. Heiterkeit! Zu Reagans Nachlass gehört ein Stapel Karteikarten – er sammelte kurze, idealerweise nur einen Satz umfassende humorvolle Bemerkungen. Möglicherweise hat er sogar die CIA beauftragt, Witze von sowjetischen Bürgern zu sammeln.

Hier ist eine kurze Kompilation (7 Minuten)[3], hier eine längere mit einem glänzenden Einstieg (insges. 42 Minuten)[4]. Deutlich wird, dass auch Kontrahenten sich seinem Humor nicht entziehen konnten.

Humor würde in der aktuellen problematischen politischen Stimmungslage helfen.

Weniger Spannungen, mehr Offenheit und Herzlichkeit, zudem eine gute Portion Demut. Dazu gehört gerade auch, sich selbst nicht zu wichtig zu nehmen, stattdessen die Dinge, von denen man überzeugt ist. Ein guter Charakter ist stets hilfreich.

---

[3] https://www.youtube.com/watch?v=Pgs-LaWyUJI

[4] https://www.youtube.com/watch?v=BTIfGFJqLko

# Die Insekten wollen einfach nicht (aus)sterben

Novo-Argumente ist ein Magazin mit einer Online-Plattform, das bekannt ist für solides Querdenken. Die Berichte sind regelmäßig kein Meinungsjournalismus, sondern bemüht um Fakten und Wahrheit.

Unter dem Titel „*Was ist dran am großen Insektensterben? (1/2)*“ referiert der namhafte amerikanische Wissenschaftsjournalist Jon Entine, Geschäftsführer des Genetic Literacy Project, den Sachstand auf der Grundlage der größten und umfassendsten Studie:

> *„Insgesamt gehen die terrestrischen Insekten viel weniger schnell zurück (um das drei- bis sechsfache), als andere hochkarätige Studien jüngeren Datums vermuten ließen, und selbst dies dürfte den Trend überzeichnen. Die Populationen von Süßwasserinsekten nehmen sogar zu. Die „Nutzpflanzenbedeckung", d.h. Dinge wie Mais, Sojabohnen, Hirse, Baumwolle, Frühjahrs- und Winterweizen, Luzerne und Heu, wird mit einer Zunahme der Insektenpopulationen in Verbindung gebracht. Es gibt keinen Zusammenhang zwischen der Entwicklung der Insektenpopulationen und der globalen Erwärmung.“*

Und er fährt fort zu den tatsächlichen Ursachen:

> *„Der einzige eindeutige Zusammenhang mit dem Rückgang der Insektenpopulationen besteht in der Urbanisierung und ist wahrscheinlich auf die Zerstörung von Lebensräumen, Lichtverschmutzung und andere Emissionen zurückzuführen.“*

Es ist bezeichnend, dass diese Perspektive nicht breit rezipiert wird. Hat sich der Untergangslobbyismus durchgesetzt und die Köpfe besetzt? Gebetsmühlenartig werden Kapitalismus und Unternehmen für einen Untergang verantwortlich gemacht, der wahrscheinlich ausbleibt und nach dieser umfassenden Untersuchung auch kaum etwas mit Kapitalismus und Unternehmen zu tun hat, sondern mit Verstädterung – zugleich die Brutstätte für naturferne Untergangslobbyisten.

Freuen wir uns lieber über die prosperierende Welt und gehen wir pragmatisch die Herausforderungen an, die klug gelöst unsere Umwelt noch lebenswerter machen.

# Hayeks Klamotten: Business Mode im Entdeckungsmodus

Nichts ist so beständig wie der Wandel. Das kann man sehen. Alltäglich. Auf der Straße und im beruflichen Umfeld. Erhellend ist ein Foto. Es ist mit „Hats in New York, 1930“ überschrieben und bietet einen Blick aus der Vogelperspektive auf einen kurzen Straßenabschnitt der 36th Street, zwischen 8th und 9th Avenue. Zu sehen sind viele Menschen, sehr viele, und nur zwei Autos. Alle Menschen tragen Hüte. Kein einziger ist barhäuptig unterwegs.

Lediglich zwei und erst recht drei bis vier Jahrzehnte später würde auf dem Foto etwas fehlen: Hüte. Bis zum Ende des Zweiten Weltkriegs waren Hüte ein fester Bestandteil der Kleidung. Warum verschwanden sie?

Die Menschen begannen, viel mehr Auto zu fahren und gingen viel weniger lange Strecken zu Fuß, brauchten also den Schutz vor Witterung nicht mehr. Die Hygiene verbesserte sich. Pomade diente, wenn, dann dazu sichtbare Schmalzlocken zu kreieren. Fliegerbrillen kamen in Mode durch die Kriegspiloten – und „nur“ Australier tragen heute noch Filzhut und Sonnenbrille.

Längst ist auch die Krawatte auf dem Rückzug.

Sie dürfte ein ähnliches Schicksal erfahren wie einst der Hut. Der Farbtupfer mag stilvoll erscheinen. Mit Nassim Nicholas Taleb gilt jedoch, dass es keine kluge Idee ist, die Halsschlagader mit einem Strick abzubinden. Allerdings scheiterte der erste große Angriff auf den bunten Lappen. Kein geringerer als Giorgio Armani wollte nicht nur den Schlips, sondern auch das Herrenoberhemd verdrängen. Don Johnson machte eine grandiose Figur in Miami Vice und etablierte das T-Shirt unter dem Jackett. Herb Ritz hat das vielleicht ikonische Foto schlechthin geschossen: Don Johnson, ganz in weiß, mit Fluppe in der Brandung. Wer heute, im August 2019, indes ins Weiße

Haus schaute, sah einen zuweilen überdimensionierten Schlips an einem Mann, der ebenfalls in den 80er Jahren zuhause ist.

Das ist jedoch der Blick zurück. Eine Welt von gestern. Die Umgebung von Staatsmännern, Behörden, manchen Konzernen und Banken, aber auch dort ist das Tuch auf dem Rückzug – nicht nur aus Übermut in Zeiten einer Hausse und als Indikator für einen nahenden Crash.

Bei der Kleidung geht es längst um mehr als nur den Langbinder. Die Inhaber-Unternehmer von weitaus größeren Aktiengesellschaften tragen Hoodie und Rolli. Ein offenes Hemd soll bei etablierten Autokonzernen etwas Start-up-Spirit signalisieren. Dort trägt man T-Shirts. Turnschuhe, Chucks, Sneaker sind beinahe Pflicht. Business Casual ist längst ein fester Kleidungsstil. Smart Casual steht an der Spitze der neuen legeren Kleiderordnung. Selbstverständlich ist Business/ Informal nach wie vor verbreitet und Semi-formal noch gang und gäbe. Für einen älteren, faltenreichen Hals mag das auch passend sein. Noch.

Im prognostischen „The State of Fashion" Paper von McKinsey und Business of Fashion trägt keiner der Herausgeber und Autoren einen Langbinder. Noch prägnanter verkörpert Daniel Craig als 007 den Wechsel. In „Ein Quantum Trost" sitzt der Tom Ford Anzug fast so knapp wie ein Neoprenanzug und das inmitten eines Staubsturms des implodierenden Gebäudes.

Warum? Für Liberale gibt es eine Antwort, die für Erleichterung sorgen dürfte: Der Trend weg von Schlips und stattlichem Anzug hat nichts mit Regulierung zu tun. Sind es doch gerade die Angehörigen der Staatsführung, die noch am Strick hängen. Ich halte folgende Einflüsse für einen Bestandteil der Antwort:

- *Schöne neue Geschäftswelt*: Kleider machen Leute, aber nicht mehr durch angeheftete Autorität und Distanz, sondern durch Kundennähe und idealerweise persönliches Vertrauen, gestützt auf Kompetenz. In Teilen Asiens kommen Multimillionäre in Ballonhosen zu internationalen Banken und verlangen am Wochenende eine

Beratung. Wer etwas kann, wer in die Zukunft denkt und arbeitet, kann sich von der Vergangenheit unterscheiden.

- *Sowohl als auch*: Die Grenzen von Arbeit und Freizeit verwischen, damit löst sich auch die Kleidergrenze auf. Wer geht heute noch ins Geschäft und zieht sich dementsprechend anders an? Inzwischen werben Hersteller mit 24/7 Hosen wie All Day Every Day Pant, die bequem wie eine Jogginghose und businesstauglich zugleich sind. Statt Sakko gibt es längst einen The Classic Hood.
- *Unternehmerische Innovation*: Moderne Stoffe erlauben eine Mischung aus Komfort, Lässigkeit und Stil. Inzwischen ist es möglich, das Gefühl einer Trainingsanzughose im Job zu haben und trotz Elastizität bei Form, Farbe und Material kaum einen Unterschied zu einer herkömmlichen Anzughose zu erkennen. Das Internet ermöglicht auch kleineren Unternehmen eine größere Kundschaft weltweit, und damit eröffnet sich ihnen die Chance, Trends zu setzen.
- *Younger than ever*: Mit dem Jugendkult, Fitness für Ü40, Ü50, Ü60 ..., „50 sind die neuen 40" und einem Erscheinungsbild, dass sich deutlich von den Wohlstandsfamilienvätern der Erhards, Heinz und Ludwig, der 50er und 60er Jahre abhebt, geht eine entsprechende Kleidungsverjüngung einher.
- *Anything goes*: Formales verliert an Bedeutung. Konventionen erodieren, darunter einstige Klassen mit ihrer Kleidung. Die Halsbinde ist kein Statussymbol mehr. Uniformierung und das Einfügen ins Kollektiv des 19. und noch 20. Jahrhunderts sind passé, zumindest auf die althergebrachte Weise. Individualisierte Uniformierung ist en vogue.

Friedrich August von Hayek war wie Ludwig von Mises klassisch gekleidet. Ober er den Wettbewerb als Entdeckungsverfahren auch auf Kleidung bezogen hätte? Davon können wir ausgehen, schon aufgrund seiner Überlegungen zur Sprache, die ebenfalls das Ergebnis menschlichen Handelns, aber nicht menschlichen Entwurfs ist. Dass Mises nicht nur ein Mann des 19. Jahrhunderts war, sondern im Alter stilvoll und richtig cool, zeigt ein Foto, auf dem er mit smarter Sonnenbrille in einem Bus sitzt.

Heute gilt mehr denn je, Kleidung ist das Ergebnis menschlichen Anziehens, aber nicht menschlicher Kleidungsvorschriften. Es wird weiter viel zu entdecken geben.

# Das Kapitalisten-Schwein

Die Freunde der Freiheit erhalten Verstärkung – an einer besonders wichtigen Baustelle: Bildung für Kinder. Nachdem Enno Samp als Übersetzer der Bücher über die Tuttle-Zwillinge von Connor Boyak (Kinder-der-Freiheit.com) bereits sehr gute Arbeit geleistet hat, gibt es nun von Stephan Keuter und Jörg Neumeyer ein eigenes freiheitliches Kinderbuch.

Im Mittelpunkt steht das Kapitalistenschwein. Ursprünglich handelte es sich dabei um einen Kampfbegriff von Kollektivisten und Anti-Kapitalisten. Die haben jedoch sowohl die Intelligenz von Schweinen unterschätzt als auch das beherzte Engagement des Autoren-Zeichner-Duos.

In ihrer Geschichte, die auf einem Bauernhof spielt und von Vertragsfreiheit, Engagement und Eigenverantwortung handelt sowie dem Bewältigen von Herausforderungen, ist das Kapitalistenschwein der Leistungsträger. Es ist ideenreich, geschäftstüchtig und befreit so nicht nur sich, sondern gleich alle anderen Tiere mit. Treffenderweise wird die Mut machende Geschichte als Parabel von Unternehmertum, Freiheit und Mut bezeichnet.

Das gelungene Buch von Stephan Keuter und Jörg Neumeyer: „Das Kapitalisten-Schwein. Eine Parabel von Unternehmertum, Freiheit und Mut“ hat meine Tochter begeistert, die Schweine liebt und sagte: *„Toll, die Geschichte versteht man sofort. Und es ist schön gezeichnet.“*

Das Kapitalistenschwein ist geeignet für große und kleine Leute, für Erwachsene und Kinder, und nicht nur zum Vorlesen der Großen für die Kleinen. Die Parabel hat das Zeug, den diffamierenden Begriff positiv zu wenden.

Ich wünsche dem Buch viel Erfolg und würde mich über Fortsetzungen freuen!

# Keine Angst vor'm Klimawandel: Modelle sagen nicht die Zukunft voraus

In der Wissenschaft gibt es drei Lager, die den Klimawandel unterschiedlich erklären:

1. Die Natürlichen: Klimawandel findet immer statt und hat unterschiedliche natürliche Ursachen, auch heute.
2. Die Gas-Anhänger: Klimawandel wird in der Neuzeit durch den Menschen verursacht, der $CO_2$ produziert, das wiederum die Erde erwärmt.
3. Die Mittler: Klimawandel findet immer statt, hat verschiedene Ursachen, der Mensch trägt zur Erwärmung bei.

In den Medien gibt es fast nur Berichte, die die These der Gas-Anhänger stützen, vielfach in vulgärer Form. Panikmache als Tenor verbindet viele Berichte und nimmt zu. Weltuntergang, bei der Erhöhung des Meeresspiegels im Wortsinn, und Hunderte Milliarden schwere Klimapakete zur Rettung der Menschheit gehen Hand in Hand. Kritiker und Skeptiker dieses Lagers werden bekanntlich als Leugner stigmatisiert.

Inzwischen lässt sich die Verhaltensweise derjenigen, die zuweilen als Klimaalarmisten bezeichnet werden, also die allzu simplen Propagandisten der Gas-Hypothese, als gefährliche Unglaubwürdigkeit begreifen. Leider bleibt bei alldem ein kritischer Dialog auf der Strecke. Aus machtpolitischen und handfesten finanziellen Interessen scheint es unwahrscheinlich, dass in absehbarer Zeit ein Dialog stattfinden wird.

Ich habe wiederholt Kritik an den Thesen geübt, die die Anhänger der Gas-Hypothese aufstellen, darunter das Modellversagen, das Vorhersageversagen, der im Rotary-Magazin breit kritisierte Grüne Hype, die Verwandlung in eine Politische Religion, zudem ein Denkanstoss als Working Paper von meinem Vater erschienen beim Forum Freie Gesellschaft, ferner eine erfolgreiche Modellierung des Klimas ohne $CO_2$, zudem die verlorene Klimawette, und meine hoffnungsfrohe Prognose. Bis heute kenne ich kein überzeugendes, stichhaltiges Argument für einen Wandel des Klimas, der allein durch uns Menschen verursacht werden soll. Das bedeutet nicht, dass ich einen menschlichen Einfluss auf die Umwelt und auch auf das Klima ausschließe. Regional begrenzte Einflüsse gibt es ganz offensichtlich und das bereits seit Beginn der menschlichen Zivilisation. Ein Beispiel sind großflächige Rodungen.

*Klima-Begriff*

Erinnern wir uns kurz was Klima eigentlich ist: Klima ist ein Begriff für statistisch ermittelbare Mittelwerte von lokalen Wetterdaten, darunter Temperatur, Niederschlag, Feuchte, Wind, über einen Zeitraum von mindestens 30 Jahren, besser länger, z.B. 100 oder 500 Jahre. Alle gemessenen Werte für eine kürzere Zeit beziehen sich auf das Wetter.

*Methodische Hürde*

Eine beträchtliche Hürde, die den Anhänger der $CO_2$-Hypothese meines Wissens im Weg steht, ist wissenschaftlicher Natur: Sie argumentieren vielfach mit Korrelationen. Dahinter treten belastbare Kausalitäten zurück, also Ursache-Wirkungszusammenhänge. Mit einem bekannten Bild: Störche fliegen, Kinder werden geboren – also, mehr $CO_2$, höhere Temperaturen. Indes gilt anders als bei den Störchen nicht einmal der zeitliche Zusammenhang, denn seit Jahrtausenden steigt erst die Temperatur und dann die $CO_2$-Menge und umgekehrt.

Das Problem ist radikaler Natur, es geht an die Wurzel (radix) der Verfechter der $CO_2$-Hypothese. Seit Jahren ist bekannt, dass die Modelle der Gas-Anhänger nicht in der Lage sind, auch nur die vergangene Entwicklung des Klimas korrekt abzubilden, von der Zukunft ganz zu schweigen. 17 Jahre lang gab es keine Klimaerwärmung (1998-2015), allen Ausreden zum Trotz. Das ist keine Überraschung. Valide Prognosen gehören in komplexen Ursache-Wirkungszusammenhängen zu den besonders großen

Herausforderungen der Menschheit. Schon eine zutreffende Wettervorhersage erstreckt sich nur über wenige Tage.

*Methoden-Knock-out*

Nun hat ein weiterer Wissenschaftler den Modellen einen schweren Schlag versetzt. Patrick Frank, wissenschaftlicher Mitarbeiter an der Stanford University, hat die Zuverlässigkeit von Klimamodellen untersucht. Sein Schwerpunkt liegt auf der korrekten Anwendung statistischer Methoden. In seinem wissenschaftlichen Aufsatz „Propagation of Error and the Reliability of Global Air Temperature Projections" untersucht er die Zuverlässigkeit und die Glaubwürdigkeit von Klimamodellen. Sein Ergebnis: $CO_2$ kann mit den bislang verwendeten Methoden nicht als Verursacher von Klimaveränderungen angesehen werden.

- Das vom IPCC verwendete EC-Earth-Modell ist vollkommen unzuverlässig und unglaubwürdig, es kann weder etwas darüber aussagen, wie sich $CO_2$-Emissionen in der Zukunft auswirken werden noch wie sich $CO_2$ in der Vergangenheit auf die Lufttemperatur ausgewirkt hat.
- Vereinfacht gesagt, sind die Modelle in sich stimmig, passen aber nicht zur Realität. Als wäre das nicht problematisch genug, können die Verfasser der Modelle nicht einmal sagen wie weit sie von der Realität entfernt sind.
- An anderer Stelle betont Patrick Frank: Selbst das Klima verhalte sich nicht ungewöhnlich – kein ungewöhnlicher Anstieg des Meeresspiegels seit 100 Jahren, keine ungewöhnliche Häufigkeit und keine ungewöhnliche Intensität von Hitzewellen, Überschwemmungen, Dürren und Stürmen.

*Die Zukunft ist schön!*

Was nun? Eine wissenschaftliche Revolution geschieht aus machtpolitischen Gründen erst dann, wenn Theorie und Realität unüberbrückbar geworden sind. Das hat ironischerweise die

Wissenschaft aufgezeigt. Noch werden alle möglichen und unmöglichen Erklärungen bemüht, warum die Modelle nicht funktionieren, aber dennoch tauglich sein sollen. Sollte es Mitte der 2020er Jahre deutlich kälter werden (Stichwort „Kalte Sonne“), könnte das der KO-Schlag der Natur für die Gas-Modell-Anhänger sein. Bis dahin bleiben Berechnungen der Temperaturentwicklung falsch, Aussagen über den Einfluss von $CO_2$ auf das Klima fragwürdig, aber die Klimaalarmisten werden noch lauter tönen und demonstrieren. Das Leben bleibt davon unbenommen schön und die Welt wird immer besser!

# Knockout für $CO_2$-Politik: Kein Effekt, Kosten nicht finanzierbar

Ein Weltbild wankt – und geht zu Boden.

Zuerst häufen sich die Hinweise, dass es keine Zunahme von Klimakatastrophen gibt. Nie zuvor in der Geschichte sind so wenige Menschen durch klimatische Ereignisse gestorben wie heute. Es gibt keine Zunahme desaströser Hurrikane, die Meeresspiegel steigen nicht wie prognostiziert, und selbst die Eisbären vermehren sich seit Jahrzehnten munter wie nie zuvor.

Dann folgt Treffer auf Treffer, bis die Klimamodelle wie Kartenhäuser in einem lauen Sommerlüftchen erscheinen. Die Modelle sind weder relevant für Prognosen, noch können sie die klimatische Vergangenheit richtig abbilden.

Schließlich lässt sich der wissenschaftliche Widerstand nicht mehr unterdrücken. Skepsis gab es immer und nimmt zu: ob hunderte Wissenschaftler, die der UN schreiben, oder einzelne Wissenschaftler unterschiedlicher Disziplinen wie Henrik Svensmark (Kosmoklimatologe), Mototaka Nakamura (Meterologe), Christian Schlüchter (Gletscher-Forscher), Nils-Axel Mörner (Ozeanograph), Richard Lindzen (Atmosphärenphysiker), Ross McKitrick (Ökonom), Jan Veizer (Geowissenschaftler), Lennart Bengtsson (Klimatologe), ob Peer Reviewed Paper oder Think Tanker mit breitem Überblick wie Myron Ebell.

Nun weist Bjørn Lomborg in der NZZ auf zwei Dinge hin, die einerseits bekannt sein sollten, andererseits noch einmal von ihm und seinem internationalen, interdisziplinären Wissenschaftsnetzwerk Copenhagen Consensus Center fundiert oder zusammengetragen wurden:

**1. Die Klimapolitik hat bislang vollkommen versagt.**

Gigantische Kosten – mehr $CO_2$-Ausstoss seit 1992 als in der gesamten Menschheitsgeschichte zuvor.

> *„Was steht also hinter der übertriebenen Rhetorik? Fast drei Jahrzehnte fehlgeschlagener Politik. Die Versprechen hinsichtlich der Kohlenstoffreduktion, die 1992 in Rio de Janeiro und 1997 im Rahmen des Kyoto-Protokolls gemacht wurden, haben wenig bis nichts gebracht. Im dritten Jahr des Pariser Abkommens sind gerade einmal 17 Länder «auf Kurs» – Staaten wie Samoa und Algerien, die nicht sehr viel versprochen hatten. Tatsächlich ist es sogar so, dass auf der Welt seit dem Start der Klimadiskussion 1992 so viel Kohlenstoff aus fossilen Brennstoffen ausgestossen wurde wie insgesamt seit Beginn der menschlichen Zivilisation."*

**2. Die Klimapolitik ist nicht bezahlbar.**

> *„Ein von der neuseeländischen Regierung in Auftrag gegebenes Gutachten kommt zum Schluss, dass das Erreichen von Klimaneutralität bis 2050 das Land jedes Jahr mehr als den gesamten jährlichen Staatshaushalt kosten würde. Und das im Idealfall. Die Kosten werden sich realistischerweise eher auf bis zu 32 Prozent des Bruttoinlandprodukts erhöhen"*

In der Sackgasse hilft bekanntlich nur umdrehen. Sonst gehen die Lichter aus. Manche sehen zuvor Sternchen.

## Globale Klimaerwärmung kritisch betrachtet

Die Debatte über die globale Erwärmung, die seit einigen Jahren unter dem milderen Schlagwort „Klimawandel" geführt wird, ist in der Substanz eigentlich recht interessant. Wer Rauschen und Hysterie ignoriert, der kann manches lernen, z.B. über wissenschaftliches Arbeiten, über Mehrheits- und Minderheitsmeinungen sowie die Eigenheiten von Wissenschaft, Journalismus und Politik.

Wer sich für die komplexe Debatte um das Klima in Vergangenheit, Gegenwart und Zukunft interessiert, der darf zum Buch von Gregory Wrightstone greifen: „Inconvenient Facts". Es trägt den Untertitel „The Science that Al Gore doesn't want you to know" und ist bereits 2017 erschienen.

Für diejenigen, die Debatten für überflüssig halten, sind jede Menge lästige, unbequeme Fakten enthalten:

- ♥ Je mehr $CO_2$, desto weniger Erwärmung pro Einheit.
- ♥ Je mehr $CO_2$, desto mehr Pflanzenwachstum, desto mehr Nahrungsmittel.
- ♥ Die aktuelle Erwärmung begann 200 Jahre vor dem industriellen Ausstoß von $CO_2$.
- ♥ Es gibt zwei Phasen in den letzten 100 Jahren, in denen die $CO_2$-Menge stieg, aber die Temperatur stagnierte (1945-1979 und 1998-2015).
- ♥ Gletscherschmelze und Meeresspiegelanstieg begannen vor und unabhängig vom $CO_2$-Anstieg.
- ♥ Der Temperaturtrend schwankt seit 800.000 Jahren kontinuierlich stark.

- Die Temperaturen waren bei den antiken Griechen und Römern sowie im Hoch- und Spätmittelalter höher als heute.
- Die Welt wird grüner und feuchter.
- Hitzewellen nehmen in den USA ab, in den 1930er Jahren war es viel heißer.
- Die Zahl der Klimaopfer sinkt kontinuierlich.
- Den Eisbären geht es prima, sie vermehren sich munter, sogar in einer Region mit deutlich zurückgehendem Eis.

Im besten Sinne der Erwachsenenbildung werden insgesamt 60 Einwände gegen verbreitete Annahmen vorgetragen. Diese werden als unangenehme Fakten bezeichnet. Die Masse sind Fakten, bei einigen handelt es sich um begründete Thesen. Regelmäßig werden prägnante Graphiken abgebildet.

Der Zuspruch bei Amazon ist enorm (Rezensionen).

Meine rasche Suche nach Kritik hat eine besonders ausführliche Besprechung zutage gefördert, die leider argumentativ durchweg nicht überzeugt. Treffende Kritik wird es gleichwohl sicherlich geben. Ich vermute, es gibt kaum eine klima(politische) Feststellung, die nicht aus unterschiedlichen Perspektiven und mit unterschiedlichen Argumenten kritisiert wird. Klima ist ein enorm komplexes Thema.

Mir gefällt an „Inconvenient Facts“ besonders die Einordnung in historisch lange Perspektiven. Zudem werden viele gängige Feststellungen, die zuweilen Glaubenssätzen gleichen, kritisch betrachtet und aus Wrightstones Sicht widerlegt. Viele seiner Einwände wurden von anderer Seite vorgetragen und untermauert.

Ob sich die These von der Globalen Erwärmung, die inzwischen nur noch Klimawandel genannt wird, tatsächlich als größter Irrglaube der Menschheitsgeschichte erweist, werden wir bald erfahren. Es gibt mehrere Prognosen über eine bevorstehende kleine Eiszeit. Die Anhänger der $CO_2$-Hypothese liegen immer richtig: Ändert sich das Wetter, ist es der Klimawandel, ob wärmer, kälter, wechselhafter. Das ist je nach Betrachter ärgerlich oder albern.

Was das Wetter betrifft: Der Sommer in Berlin ist bisher erfreulich, wenn auch der feuchteste sogenannte Dürresommer nach eigenem Erleben.

# GroKo kann's: Klimarevolution bleibt aus

*Kindisch*

Ich durfte heute einen Teil der Demo in Berlin durchqueren, in der sich Klimahippies zum gemeinsamen $CO_2$-Ausstoßen verabredet haben. Es schien eine ruhige Veranstaltung zu sein mit großen und kleinen Kindern, die verschiedene Sprachen sprachen. Inhaltlich habe ich nur drei Sätze gehört, die aber zum Charakter der Veranstaltung zu passen schienen. Durch ein Megafon rief eine Art Aufputscher auf der Straße des 17. Juni:

> *„Ich hatte heute ganz viel Spaß mit Euch, danke!"*

Und dann erklang vom Brandenburger Tor noch eine Stimme, die das inhaltliche Programm zusammenzufassen schien:

> *„Stellt Euch eine Zukunft ohne $CO_2$ vor. Eine Zukunft, in der ganz viele grüne Bäume wachsen."*

Ein elfjähriges Mädchen, dem ich davon erzählte, meinte:

> *„Wie blöd! Wie sollen denn Bäume ohne $CO_2$ wachsen? Pristley, der Naturforscher, hat in einem Experiment unter einem luftdichten Glasbehälter zwar gezeigt, dass eine Pflanze überleben kann, aber richtig wachsen tut sie nur zusammen mit einer Maus. Ist doch logisch: Die Maus atmet $CO_2$ aus, das die Pflanze braucht und daraus Sauerstoff für die Maus produziert."*

Nun, die gute Nachricht ist, dass das ganze Klimahüpfen zwar recht kindisch ist, aber manche Kinder es besser wissen. Gilt das eigentlich auch für manchen Politiker?

*Lauwarm*

Die GroKo hat das mit dem Klimapaket gut gemacht. Wirklich! Es wird wieder einmal deutlich, dass derzeit kein Anlass zur Hysterie besteht. Ein Systemwechsel stand auf der Agenda. Eine

$CO_2$-Steuer. Autos sollten abgeschafft werden, mindestens innerdeutsche Flüge. Der Sozialismus stand unmittelbar vor der Einführung.

Und nun: typisch deutsche Mittelmäßigkeit. 19 Stunden verhandelt, 50 Milliarden veranschlagt, über 10 Jahre gestreckt, wenn ich das richtig verstehe. Das wären also jährlich 1,5 Prozent des Bundeshaushalts, angeblich aus dem Steueraufkommen. Zudem müssen die Bürger mehr für Benzin, Diesel, Heizöl und Erdgas bezahlen. Mitte der 2020er Jahre könnten das zusätzlich mindestens 10 Cent pro Liter mehr sein. Umverteilt wird zudem zu den Pendlern. Eine Steuersenkung für Bahn-Fernverkehr ist auch noch dabei genauso wie Subventionen für E-Autos, die kaum einer kaufen will, und manches mehr.

Die Politik hat damit noch einmal unterstrichen, dass sie am Geschäftsmodell des Politischen Kapitalismus festhält. Ein grundsätzlich marktwirtschaftliches System wird politisch übersteuert und nach den Interessen der Regierungsparteien und lobbystarker Teile der Wirtschaft sowie einigen Nichtregierungsorganisationen gelenkt. Randall G. Holcombe hat darüber ein lesenswertes Buch geschrieben. Soziale Marktwirtschaft gab es früher einmal, Politischen Kapitalismus auch schon einmal – noch davor.

Nun sind diese politischen Maßnahmen natürlich unerfreulich. 50 Mrd. vom Steuerzahler verbrannt. Die Umwelt bleibt vollkommen unberührt. Die Auswirkungen auf die $CO_2$-Emission sind im weltweiten Maßstab faktisch null. Wahrscheinlich wird es bei dieser lauwarmen Politik nicht bleiben.

Allerdings ist deutlich geworden, was schon Umfragen unter Bürgern zeigen: Sobald es konkret wird, hat die Masse der Bürger fürs Klima einen Kaktus in der Tasche. Und das nicht wegen eines trockenen Sommers.

Übrigens ist der September 2019 grad so kalt wie lange nicht mehr.

# Die Politik, nicht der Klimawandel ist das Problem

Die Bekämpfung (sic!) des Klimawandels ist in aller Munde. Die von den Politikern in Deutschland, in der EU und anderen Teilen der Welt ausgerufene Lösung lautet: Reduktion des Ausstoßes von $CO_2$.

Jede Politik birgt Kosten und soll einen Nutzen haben. Betrachten wir die Klimapolitik also mit der ökonomischen Brille und auf empirischer Grundlage. Die Daten stammen mit Masse aus dem UN Climate Panel. Ökonomen aus der ganzen Welt, die sich unter dem Dach des Copenhagen Consensus Center zusammengefunden haben, sind zu folgenden Ergebnissen gekommen, wie ihr Leiter, Bjørn Lomborg, berichtet:

1. Die Kosten von Global Warming würden bis 2070 zwischen 0,2 und 2 Prozent des globalen BIP betragen. Das entspreche einer Rezession in den nächsten 50 Jahren.
2. Die Kosten, um Global Warming global zu begegnen, würden auf 10 bis 100 Billionen US-Dollar geschätzt. (Anm.: Das globale BIP betrug 2018 rund 80 Billionen US-Dollar.)
3. Jedwede Klimapolitik werde nur einen minimalen Einfluss auf das Weltklima haben, aber die Kosten fielen je nach Maßnahme unterschiedlich aus. Den stärksten Einfluss hätte Geoengineering als Verschattung der Erde – ähnlich dem Ausbruch des Vulkans Pinatubo auf den Philippinen 1991, der für drei Jahre die Temperatur um weniger als ein halbes Grad Celsius abgesenkt habe. Die $CO_2$-Reduktion sei eine besonders teure Politik (150 Milliarden US-Dollar weltweit, vor allem für Subventionen, 20% des EU-Budgets), die nur eine sehr geringe Wirkung haben könne und derzeit wirkungslos sei.

4. Die globalen Kosten durch Wetter bedingte Umweltkatastrophen seien in den letzten 30 Jahren von 1990 0,3% auf heute 0,25% zurückgegangen. Die Zahl der Toten durch Wetter bedingte Ereignisse, darunter Stürme, Fluten, Dürren, seien von 500.000 Toten pro Jahr in den 1920er Jahren auf nur noch 20.000 pro Jahr heute gesunken.

Zwischenbemerkung: Der Grund für die geradezu grandiose Entwicklung ist wachsender Wohlstand weltweit. Noch einmal: Heute stirbt nur noch 1/25 der Menschen durch Umwelt bedingte Katastrophen im Vergleich zur Zeit vor 100 Jahren. Mehr Wohlstand bedeutet besserer Schutz gegen das Wetter.

5. Alternativen zur $CO_2$-Politik seien attraktiv:

- Eine erfolgreiche Welthandelsrunde in Doha würde 170 Millionen Menschen aus der Armut befreien und koste praktisch nichts. Lediglich 1 US-Dollar erbringe im Freihandel einen sozialen Nutzen von 2.000 US-Dollar.
- Die Bekämpfung der Tuberkulose erbringe pro 1 US-Dollar einen sozialen Nutzen von etwa 45 US-Dollar, beim Impfen liege das Verhältnis bei 1 zu 60.
- Die Versorgung der Frauen in Entwicklungsländern mit der Pille erbringe pro 1 US-Dollar einen sozialen Nutzen von 120 US-Dollar, außerdem würden 150.000 Frauen weniger sterben und 600.000 Kinder würden überleben.

Bjørn Lomborg urteilt auf der Grundlage der Daten, dass Klimawandel weder das Ende der Welt bedeute noch eine besonders schwere Herausforderung darstelle. Eine sinnvolle Politik würde nicht beim Klima, sondern bei den Folgen ansetzen. Wirksamer als die Politik wären indes Produkte, die die Menschen sich wünschen würden, weil sie beispielsweise Energie preiswerter machen. Daher sei das Geld besser in der Forschung als in der $CO_2$-Politik angelegt.

En passant lassen sich einige verbreitete Irrtümer korrigieren:

a) Der Anstieg des Meeresspiegels werde bis 2099 ca. 1 Meter betragen. Dem zu begegnen sei sehr preiswert, wie Holland vorgemacht habe.

b) Die Zahl der Polarbären sei kräftig gewachsen, von 5-10.000 in den 1960er Jahren auf heute rund 25.000. Dabei würden 300 bis 800 Eisbären pro Jahr geschossen.

c) Eine Zunahme von Dürren sei UN-Angaben zufolge unwahrscheinlich, in den USA seien sie kürzer, weniger häufig und kleinräumiger geworden.

d) Ob es mehr oder weniger Fluten gebe, sei unbekannt. Niemand wisse das. Die Kosten in den USA seien drastisch gesunken von 2 Prozent des BIP um 1900 auf heute 0,2 Prozent.

e) Die Zahl der Hurrikane habe abgenommen. Die USA würden von weniger Hurrikanen getroffen als früher. Dem stehe der CNN-Effekt gegenüber: Man nehme lediglich mehr wahr.

Die Welt wird immer besser.

# Liebe als Grundlage eines guten Lebens und einer guten Gesellschaft

Adam Smith kann unser Leben noch heute bereichern. In den vergangenen rund 250 Jahren hat der herausragende Synthetisierer ökonomischer Erkenntnisse der Aufklärung mit seinen tiefen Einsichten in das wirtschaftliche und soziale Leben einen bedeutenden Einfluss ausgeübt. Er gehört zu den großen Denkern, die für die Verbesserung von Wirtschaft und Gesellschaft mehr als einen Kompass, nämliche grundlegende Einsichten in die Fundamente und das Zusammenwirken unserer Leben zur Verfügung gestellt haben. Darin unterscheidet er sich von den Intellektuellen, denen Roland Baader folgerichtig bescheinigt hat, die Menschen „totgedacht" zu haben.

Was uns Adam Smith heute zu sagen hat, erklärt Russ Roberts, Research Fellow der Hoover Institution an der Universität Stanford und Gastgeber des prämierten wöchentlichen Podcasts Econtalk. Der Ökonom und Hayekianer konzentriert sich dabei auf Smiths erstes Buch „*Theorie der ethischen Gefühle*" und nimmt nur hin und wieder – und dann stets in erhellender Kontrastierung und Ergänzung – Bezug zum „*Wohlstand der Nationen*".

*How Adam Smith can change your life*

Das Ergebnis ist ein sehr lesenswertes, kurzweiliges Buch[5], das gleichermaßen als persönlicher Ratgeber fungieren kann wie auch als Anleitung für eine gute Gesellschaft. Wie kann das sein? Nun, kurz gesagt bildet die gute persönliche Lebensführung die

[5] Literatur: Russ Roberts: How Adam Smith can change your life. An unexpected Guide to Human Nature and Happiness, Penguin Books o.O. 2014, 261 S., 12,96 Euro.

Grundlage für das persönliche Glück und zugleich den Beitrag zu einer guten, gelingenden Gesellschaft.

In der „*Theorie der ethischen Gefühle*“ beschäftigt sich Smith mit dem Einzelnen und seinem Leben in der Gemeinschaft. Im „*Wohlstand der Nationen*“ geht es um die anonymen Marktbeziehungen, darunter auch Arbeitsteilung, als Voraussetzung für wachsenden Wohlstand.

Die Formel für ein glückliches gelingendes Leben, die Russ Roberts der Theorie der ethischen Gefühle entnimmt lautet: to be loved + being lovely. Im Adam Smith Original: „*Man naturally desires, not only to be loved, but to be lovely*.“ Dabei resultiert das Eine aus dem Anderen. Was ist damit gemeint? Es gehöre zur Natur des Menschen, dass seine Glückseligkeit dem Bewusstsein entspringe, geliebt zu werden und noch dazu diese Liebe zu verdienen. Folglich ist es für Adam Smith nur natürlich, dass Geliebtwerden aus einem liebenswerten Verhalten resultiert. Liebe meint mehr als das heute dominierende romantische Verständnis, nämlich vielmehr Respekt aufgrund anständigem, anerkennenswürdigem Verhaltens.

### *Glückliches Leben*

Adam Smith nennt eine einfache Verhaltenstrias für ein glückliches Leben: gesund leben, schuldenfrei sein und klug handeln. Allerdings streben wir Menschen regelmäßig nach mehr. Es wäre mit Adam Smith indes unklug und kontraproduktiv, den Pfad der Tugend zu verlassen, indem wir nach billigen Ausdrucksformen der Anerkennung streben. So wird die Sphäre liebenswerten Verhaltens zwar von der Sehnsucht des Einzelnen nach Anerkennung getriggert, aber getragen durch das Streben nach gutem Handeln, wobei ein stetes Abgleichen des Individuums bei seinem Handeln mit einem unparteiischen Beobachter stattfindet. Wir möchten gut behandelt werden und überprüfen unser Handeln, ob es die Zustimmung anderer finden würde. Wer möchte, findet den Kant’schen Imperativ darin. Angemessenes Verhalten ist eine andere passende Formulierung.

Und wie Russ Roberts zum Ende des Buchs aufzeigt, dient der Dominoeffekt einer guten Tat als Vorbild weiterer guter Taten.

*Unsichtbare ethische Hand*

Eine Folge ist, dass wir in den allermeisten Bereichen unseres Zusammenlebens keinen Staat und keine Gesetze benötigen, die im Gegenteil eher Schaden stiften. Das in Konventionen gegossene gute Verhalten und die Abwehr schlechter Taten lassen sich nicht in Paragraphendefinitionen pressen. Ebenso bedeutend ist, dass sich die Natur des Menschen durch Gebote und Verbote nicht verändern lässt. Paternalistisches Nudging und ökologistisch-revolutionäre Regulierungsvorstellungen werden daher an der Realität zerschellen oder in totalitäres Verhalten umschlagen. Gutes Verhalten und Moral entstehen emergent, ohne Plan, ohne Anweisung, durch Interaktion. Das ist ein wenig perfektes Verfahren. Indes bringen Gesellschaftsklempner, ob wohlmeinend oder machthungrig, eine Zivilisation in Gefahr.

Damit ist eine der vielen faszinierenden Stellen des Buches angesprochen, die für Freunde Hayeks wie auch von Klassikern wie David Hume, Adam Ferguson und James Mill für ein glückliches Lächeln sorgt: Die gute Gesellschaft beruht auf einer spontanen Ordnung, gleicht dem Kosmos und unterscheidet sich von der Taxis. Sie erfordert, dass Menschen gutes von schlechtem Verhalten unterscheiden können und den Unterschied ihren Kindern beibringen – tagtäglich, im Klein-Klein des Alltags. Die freie Gesellschaft wächst langsam und bringt allmählich Gutes hervor. Russ Roberts nennt auch dieses Beispiel: Nach dem Zweiten Weltkrieg sei der Tabak-Konsum ohne und vor staatlichen Interventionen um 50% zurückgegangen.

*Liebe als Lebensleitlinie*

Das gute Leben ist recht einfach zu erlangen, wenn man Adam Smiths Erkenntnis folgt, und damit ist das Glück so nah. Es besteht nicht im Streben nach Ruhm, Reichtum und Macht, sondern vielmehr darin geliebt zu werden und sich Liebe respektive Anerkennung und Bedeutung durch liebenswertes Verhalten zu verdienen. Der erste Schritt dazu ist ein ehrlicher Umgang mit sich selbst. Der zweite bedeutet, Respekt, Anerkennung und Bewunderung durch ehrliches Handeln zu erlangen. Mit anderen Worten: Achte auf Dich selbst und Deine Taten, verletze keine anderen und behandle Deine Mitmenschen gut! So kann jeder zu einer besseren Welt beitragen.

# Entwarnung für die Malediven: Touristen-Paradies bleibt, Meeresspiegel steigt nicht genug

Die Malediven gelten als Paradebeispiel für die schädlichen Folgen des Klimawandels. Im Indischen Ozean scheinen die berühmten letzten beiden Zeilen aus der Ballade „Der Fischer“ zuzutreffen, frei nach Goethe: Halb zogen sie sie, halb versanken sie.

Für die Malediven hat, wenn man den Warnungen von Umweltaktivisten Glauben schenkt, das letzte Stündlein geschlagen. Ein weltweit steigender Meeresspiegel wird die an der höchsten Stelle nur 2,40 Meter flache Insel- und Atollgruppe versinken lassen. Wirklich?

Die weithin bekannte Vorhersehung geht vermutlich auf eine australische Zeitung zurück, die im Jahr 1988 das Versinken der 1.196 Inseln mit ihren 200.000 Einwohnern prognostiziert (The Canberra Times, September 26, 1988).

Im gleichen Jahr warnte der NASA-Forscher James Hansen vor einem Meeresspiegelanstieg um 3 Meter. Anfang 2011 verschärfte er seine Prognose auf 5 Meter bis zum Jahr 2100.

Der sogenannte Umweltschützer Al Gore sagte 2006 voraus, dass mit hoher Wahrscheinlichkeit in 5 bis 7 Jahren die Arktis während der Sommermonate eisfrei sein werde. Allerdings erhöht schmelzendes Meereis nicht den Meeresspiegel, und bis ein Atom-U-Boot der US-Marine wieder am eisfreien Nordpol auftauchen kann wie 1959, dauert es wohl noch etwas.

Nun fördert eine einfache Recherche ein differenzierteres Bild zum Meeresspiegelanstieg zutage.

- ♥ Laut Sonderbericht „The Ocean and Cryosphere in a Changing Climate“ des IPCC beträgt der Meeresspiegelanstieg zwischen 1902–2015 ca. 16 cm, zwischen

2006 und 2015 ca. 3,6 mm pro Jahr. In der Zeit zwischen dem Jahr 2081 und dem Jahr 2100 soll, je nach Szenario, der Meeresspiegel um 43 oder 83 cm ansteigen.

- Die neun wichtigsten globalen Pegelmessstationen mit den längsten lückenlosen Datenreihen (Auckland, Triest, Newlyn, Cascais, Honolulu, Balboa, San Diego, Key West, und New York) haben seit 1900 einen durchschnittlichen Anstieg des Meeresspiegels von 2 mm pro Jahr festgestellt.
- Der Seite „Climate Hot Map. Global Warming Effects Around the World" zufolge hat der Meeresspiegelanstieg für die Malediven seit den 1950er Jahren 0,8 bis 1,6 mm pro Jahr betragen.

Nun ist der Meeresspiegel eine Durchschnittsgröße. Auch das IPCC geht von regionalen Schwankungen von rund 30% aus. Aufgrund der gewölbten Oberfläche der Ozeane sollen anderen Angaben zufolge viele Meter Differenz zwischen der höchsten und tiefsten Stelle liegen.

Es ist also alles nicht so simpel mit dem Versinken der Malediven. Und nun kommt noch etwas Kontraintuitives: Der Meeresspiegel steigt, und auch die Landmasse nimmt zu. Als Beispiel und Beleg können die Tuvalu-Inseln gelten. So hat die Vermessung der Küstenlinien sämtlicher 101 Inseln anhand von Satellitenbildern in den letzten Jahren ergeben, dass die Landfläche um knapp 3 % gewachsen ist während des regionalen Meeresspiegelanstiegs um 4 mm pro Jahr.

Auf den Malediven kommt die Geophysikern Holly East mit ihren Kollegen in einer Forschungsprojekt zu einem ähnlichen Schluss. So sind die untersuchten Riffe vor mehreren tausend Jahren entstanden, als der Meeresspiegel noch 0,5 m höher lag als heute. Ein steigender Meeresspiegel und stärkere Wellen würden demnach mehr Riffe höher wachsen lassen und die Resilienz der Malediven erhöhen. Zugleich scheint die Studie andere Forschungen zu ergänzen, die gemeinsam aufzeigen, dass

Inseln dynamische Landformen sind, die sich bewegen und anpassen können als Antwort auf einen Wandel der Umwelt.

Was tut die Staatsführung der Malediven?

Staatspräsident Abdulla Yameen setzt mit seiner Regierung voll auf Wachstum, Jobs und Infrastruktur für die knapp 400.000 Menschen der Inselrepublik statt auf Klimawandelprobleme. So wird gerade eine neue Stadt aus dem Meer gehoben: Hulhulmalé. The City of Hope. Dort sollen rund 130.000 Menschen Platz finden. Zugleich soll der Tourismus intensiviert werden. 2019 kamen bereits über 1,9 Mio. Touristen, rund 2,5 Mio. sind das Ziel.

Ein gravierendes Problem als der nicht absehbare Untergang der Inseln scheint deren Wasserversorgung zu sein. Allerdings ist auch hier Alarmismus unangebracht. Bereits für 1992 wurde ein Austrocknen der Wasserversorgung für die damals 200.000 Bewohner prognostiziert (von der Daily Caller News Foundation). Heute leben mehr als doppelt so viele Menschen auf den Malediven – genauer auf 186 der 1.192 Inseln – und die Hälfte von ihnen in der Hauptstadt Malé. Starker Regen und eine Versalzung der Wasserlinsen scheinen gravierende Probleme zu sein.

Auch hier wird der Mensch mit seinen Fähigkeiten zur Anpassung und Lösung von Problemen nicht zuletzt mit moderner Technik gute Lebensbedingungen sichern.

# Die drei politischen Stämme und ihre Konflikte

Der Unterschied zwischen einer großen, offenen Gesellschaft und tribalen Gruppen ist tiefgreifend. Eine Gesellschaft ist divers, pluralistisch, offen, während eine Gruppe durch den Zusammenhalt unter einer Ideologie, der Gefolgschaft und Unterordnung unter (einen) Führer und die Abschließung gegenüber anderen Gruppen gekennzeichnet ist – cum grano salis.

Friedrich August von Hayek wies auf die Problematik des Gruppen-, auch Stammes- oder Hordendenkens hin, das Gruppen kennzeichne. Sozialisten strebten danach, die Regeln der Kleingruppe auf eine anonyme Gesellschaft zu übertragen, mit verheerenden Folgen.

Der Soziologe und ebenfalls Nobelpreisträger Daniel Kahneman hat auf den Unterschied zwischen schnellem, intuitivem Denken und langsamem, abwägendem Denken hingewiesen. Weniger häufig erwähnt wird, dass Kahneman eine Art Fehlnutzung des langsamen Denkens thematisierte, das wir Menschen zur Rationalisierung des langsamen Denkens verwenden, weil wir unsere normativen Standpunkte stärken wollen, statt offen und breiter zu denken.

Bereits vor sieben Jahren hat der amerikanische Ökonom Arnold Kling eine kluge, konzise Analyse der politischen Lagerbildung vorgelegt. Deren Bedeutung ist mit den beiden folgenden Auflagen 2017 und zuletzt 2019 noch gestiegen. Das Buch verdient weitreichende Aufmerksamkeit[6].

---

[6] Arnold Kling: The Three Languages of Politics. Talking across the political divides, Cato Institute, 1. Auflage 2013, 3. Auflage Washington 2019, 146 Seiten, Taschenbuch, E-Book, Hörbuch.

Im Mittelpunkt stehen drei bipolar betrachtete Achsen, die das politische Spektrum der USA kennzeichnen sollen. Es handelt sich gleichermaßen um ideologische wie moralische Positionen:

1. Die Progressiven (Sozialisten) denken entlang der Achse Unterdrücker und Unterdrückte.
2. Die Konservativen stellen Zivilisation und Barbarei gegenüber.
3. Die Libertären (Liberalen) betrachten bipolar Freiheit und Zwang.

Diese Achsen dienen zugleich der Dämonisierung, so Arnold Kling, und der Bekräftigung der jeweils eigenen moralischen Überlegenheit.

Mit Hilfe dieser Muster lassen sich weitreichende, problematische Folgen identifizieren: politische Lagerbildung, deren Unvereinbarkeit, Hartleibigkeit, Konzentration auf die eigenen Anhänger und Abwertung der anderen Gruppen, Ideologisierung und Abschottung, Unverständnis für abweichendes Denken, Schüren von Konflikten und dergleichen mehr.

Es ist ungemein anregend, wie Arnold Kling die Achsen nutzt, um scheinbar separate Phänomene wie die amerikanische Bürgerrechtsbewegung, die deutsche Judenverfolgung oder Steuerreformen aus der jeweiligen Perspektive zu erhellen. Am Beispiel der Judenverfolgung: Progressive betonen die Unterdrückung einer Minderheit durch die Nazis in einem Rassestaat. Die Konservativen sehen den Rückfall einer hoch entwickelten Nation und Kultur in die Barbarei der Nazis. Die Libertären fokussieren die furchtbaren Konsequenzen des staatlichen Gewaltmonopols.

Arnold Kling macht sich zudem auf die Spurensuche nach plausiblen Ursachen, die er in anthropologischen und soziologischen Vorteilen der Gruppenbildung ausmacht. Wir Menschen suchen Anerkennung innerhalb der eigenen Gruppe durch Wohlgefallen, verwenden eine gruppenkonforme Sprache und grenzen anderssprechenden und -denkende Menschen aus oder diffamieren sie. Dabei sei es leider sogar vorteilhafter, Gegner zu kritisieren, als belastbare Argumente für die eigene Position anzuführen.

Mit den Worten von Arnold Kling:

> *„In politics, I claim that progressives, conservatives, and libertarians are like tribes speaking different languages. The language that resonates with one tribe does not connect with the others. As a result, political discussions do not lead to agreement. Instead, most political commentary serves to increase polarization. The points that people make do not open the minds of people on the other side. They serve to close the minds of the people on one's own side."*

Ein Ergebnis sind die fruchtlosen politischen Debatten und die mich längst irritierenden Eigenheiten in sozialen Medien, wo man vor allem, wenn nicht ausschließlich, zu den Bekehrten spricht und von ihnen Likes für politisch konforme Stellungnahmen erhält. In den USA ist die immer konfrontativere Aufspaltung des Landes in zwei große, feindliche Lager die Folge: Demokraten und Republikaner, daneben noch ein kleines der Libertären. Trump ist demnach nur ein Symptom, nicht die Ursache. Zugleich wird klar, warum die Republikaner quasi über Nacht zu Nationalisten und Protektionisten werden konnten.

Bedenkenswert ist die Beobachtung, dass Politik zur Ersatzreligion geworden sei, die der Identifikation diene. Wie destruktiv Politik geworden sei, ließe sich an der Sprache erkennen, die sich mit Hilfe der drei Achsen leicht identifizieren lasse und dementsprechend die Kommentatoren zuordenbar mache.

Für Arnold Kling ist die libertäre Position zwar überwiegend überzeugend, aber keineswegs immer. Für die Bürgerrechtszeit verfügten beispielsweise die Progressiven über die passendere Diagnose und Kritik.

Vorteilhaft ist es offenkundig, die anderen Sprachen zu kennen, um diese zu verstehen, um ggf. eigene Positionen vermitteln zu können und vor allem, um zu erkennen, dass man selbst irrt. Unvernünftig könne man nur selbst sein, urteilt Kling in Übereinstimmung mit Ludwig von Mises, nicht aber jemand anderes.

Hoffnung gibt es kaum, aber immerhin ein wenig: Statt den gefährlichen Weg weiter zu beschreiten und den Sieg der eigenen Horde anzustreben, strebt Kling nach einem weniger spektakulären Ziel: klüger werden und offener.

# Ist der Sozialstaat heute sozial?

Bis zur Finanz- und Staatsschuldenkrise 2008 waren die Zeitungen voll mit Diskussionen um eine Reform des Sozialstaats und voll mit Forderungen nach Strukturreformen. Seitdem ist in dieser Hinsicht nichts Substanzielles geschehen. Allerdings wird jedes Jahr anlässlich des Armutsberichts eine dramatische Lage beschworen, weil ein großer Teil der Bevölkerung in Armut lebe. Selbstverständlich wird mehr Staatshilfe gefordert. Selten fehlt es zudem an Hinweisen über Ungleichheit. Weil Gleichheit besser sein soll als Ungleichheit, wird auch hier ein umverteilendes Eingreifen des Staates gefordert.

Es lohnt sich einmal die Perspektive zu wechseln. Überlegen Sie bei den nachfolgenden Sätzen zum Sozialstaat, vom wem diese stammen könnten und aus welchem Jahr:

> *„Am [...] wurde im Kabinett über die Altersversorgung für die freien Berufe und für das Deutsche Handwerk beraten. Ich habe anläßlich dieser Erörterung meiner tiefen Sorge über eine Entwicklung Ausdruck gegeben, die staatspolitisch in höchstem Maße bedenklich erscheint. In vielen Lebensbereichen der Bundesrepublik haben die Hilfen des Staates einen Umfang angenommen, der nicht nur eine bedenkliche Annäherung an versorgungsstaatliche Prinzipien erkennen, sondern das allmähliche Entstehen eines totalen Wohlfahrtsstaates befürchten läßt. Ich denke hierbei sowohl an die gegenwärtige Gestaltung einzelner Sozialleistungen als auch an die verschiedenen Formen staatlicher Subventionspolitik auf den Gebieten der gewerblichen Wirtschaft, der Landwirtschaft, des Wohnungsbaus usw. Das Ausmaß der bisherigen staatlichen Hilfen und die darüber hinaus von vielen Stellen erhobenen weiteren Ansprüche zeigen, daß an den Staat Anforderungen gestellt werden, die weit über die ihm*

*gestellten Aufgaben hinausgehen. Der Staat sollte nur da helfend eingreifen, wo die Kräfte des Einzelnen bzw. einzelner Gemeinschaften nicht ausreichen. Jede andere Politik führt dazu, daß bei dem Einzelnen der Wille zur Selbsthilfe immer mehr erlahmt und die gesamte Verantwortung für seine Existenz auf den Staat abgewälzt wird. Einer solchen Entwicklung sollte mit allen Mitteln durch die Wiederbelebung der Selbsthilfekräfte des Individuums und der Gesellschaft entgegengewirkt werden."*

Auflösung: Der Text stammt aus einem Brief vom 16. Januar 1955. Die Auslassung oben [...] enthält folgendes Datum: 14.12.1954. Bundeskanzler Konrad Adenauer schrieb diese Zeilen an alle Bundesminister[7].

Zusatz: Ende 1954 umfasste die Bevölkerung der Bundesrepublik Deutschland knapp 50 Mio. Menschen. Ein Drittel der Staatsausgaben von 14,8 Mrd. DM entfielen auf Soziales inklusive Fürsorgeleistungen mit Kriegsfolgenhilfe. Das BSP war um gut 8 Prozent auf 145 Mrd. DM gewachsen.

Die Planungen für den Bundeshaushalt 2020 sehen Ausgaben von 360 Mrd. Euro vor, davon 50 Prozent für Soziales – 2023 sollen es 200 Mrd. Euro sein. Das BIP beträgt 3,3 Billionen Euro bei einer Bevölkerung von rund 82 Mio.

Was würde Adenauer dazu sagen?

[7] Nachlesbar ist der gesamte Brief in der ausgezeichneten Ausgabe der Korrespondenz zwischen Adenauer und Erhard zur Sozialen Marktwirtschaft: Konrad Adenauer, Ludwig Erhard und die Soziale Marktwirtschaft (Adenauer Rhöndorfer Ausgabe), Verlag Ferdinand Schöningh 2019, S. 490f.

# Die Welt wird immer besser – Marktwirtschaft sei Dank

Gehören Sie auch zur Mehrheit? Ende 2015 glaubten fast 60 Prozent der Deutschen, die Welt werde immer schlechter, und nur 4 Prozent, die Welt werde besser.

Crash Propheten sind en vogue und machen Kasse. Es ist menschlich, sich für Gefahren und negative Entwicklungen zu interessieren; viele Menschen lieben es, sich über Dinge aufzuregen. Keine Frage: Die politische, wirtschaftliche und gesellschaftliche Lage in Deutschland ist beklagenswert. Dennoch wird die Welt immer besser. Haben wir verlernt über unseren schnelllebigen Alltag hinaus zu blicken?

*Welt-Meister-Bilanz*

Seit der institutionellen Revolution, die auch etwas schief als industrielle Revolution bezeichnet wird, also seit dem Siegeszug des Kapitalismus, und nicht allein durch das Aufkommen neuer Technik, wird die Welt rasant besser. Die Lebenserwartung ist enorm gestiegen. Die Zahl der Menschen auf der Erde hat sich vervielfacht. Sauberkeit, Gesundheit, Ernährung haben sich grundlegend verbessert. Die Armut ist dramatisch gesunken. Während vor 20 Jahren noch ein knappes Drittel der Weltbevölkerung in extremer Armut lebte, sind es nunmehr weniger als 10 Prozent. Der Lebensstandard für Milliarden Menschen ist unvergleichlich besser als noch im späten 18., im ganzen 19. und sogar im 20. Jahrhundert. Man braucht sich nur in Museen die Wohnstuben und schauerliche Gesundheitsversorgung anzuschauen. Die Architektur mag vielfach schöner gewesen sein. Allein verheerende Kriege haben für eine Unterbrechung des Trends gesorgt.

*Fortschritt*

Es ist faszinierend, sich die Bilanz der Lebensverbesserung durch unser aller Handeln vor Augen zu führen, etwa mit Johan

Norberg, der das in seinem Buch „*Progress*“[8] aufgezeigt hat: Wir leben heute in der besten aller Welten. Immer mehr Menschen geht es immer besser – nie ging es so vielen so gut. Ursache ist Fortschritt für alle durch Freiheit.

Eine Alternative sind die 32 Statistiken, die anlässlich des verstorbenen schwedischen Wissenschaftlers Hans Rosling, Professor für Internationale Gesundheit in Stockholm, u.a. in der FAZ als gute Nachrichten anzuschauen sind. Dazu gehören drastisch gesunkene Kindersterblichkeit, stark reduzierte Kinderarbeit, weit verbreitete Versorgung mit sauberem Wasser, kaum noch Katastrophentote im welthistorischen Maßstab, außerdem nur noch wenige Tote bei Flugzeugabstürzen, viele geschützte Arten, fortschreitende Impfungen, ein rasanter Anstieg von Musikveröffentlichungen und erheblich gesunkener emittierter Feinstaub.

Schließlich sei auf die statistische Fundgrube von Max Roser hingewiesen, der in Oxford lehrt und forscht und die Webseite „Our World in Data“ betreibt. Zu der Fülle von korrigierten Irrtümern gehört auch, dass Einsamkeit kein zunehmendes Problem ist, die aktuelle Panikmache diesbezüglich schon.

*Rekord-Dekade*

Diese positive, überaus erfreuliche Entwicklung hält an. Matt Ridley hat im Spectator auf die außerordentlich positive Entwicklung in der letzten Dekade hingewiesen mit Bestmarken en masse: niedrigste extreme Armut (unter 10 Prozent), niedrigste Kindersterblichkeit, praktisch keine Hungersnöte mehr, abnehmende schwere Infektionskrankheiten, weniger Ressourcenverbrauch (in Großbritannien seit der Spitze im Jahr 2000), wachsende Wälder, Rückkehr von Raubtieren und seltenen Tieren wie Wölfen und Seeadlern.

Leider schadet die jüngste Umweltpolitik der Umwelt eher, weil sie den Ressourcenverbrauch erhöht – Planwirtschaft ist stets

[8] Literatur: Johan Norberg: Progress, Oneworld Publications 2017

ineffizient, verschwenderisch und umweltzerstörend – und zugleich die Energieversorgungssicherheit unterminiert. Außerdem führt sie in Deutschland zur Zerstörung einer ganzen Industriebranche und jeden Tag erneut zu absurden Forderungen und ideologischen Mahnungen.

*Antikapitalismus ist lebensgefährlich*

Das Gerede wider Wachstum und Kapitalismus ist intellektuell beschämend. Mit wachsendem Wohlstand gehen zwei bedeutende Entwicklungen einher, die unsere natürliche Umwelt betreffen:

1. Der Schutz vor Umwelteinflüssen bis hin zu Umweltkatastrophen ist bei höherem Lebensstandard weitaus besser, als es in ärmlichen Regionen der Fall ist. Dafür braucht es Kapitalismus und wirtschaftliches Wachstum.
2. Der Schutz der Umwelt ist bei höherem Lebensstandard ein zunehmend prioritäres Ziel, das auch erreicht werden kann, anders als in armen, aufstrebenden Gesellschaften.

Die Kurzformel lautet: Je reicher eine Gesellschaft ist, desto grüner ist sie.

*Marktwirtschaft für Umweltschutz*

Der natürliche Verbündete des Umweltschutzes ist die Marktwirtschaft. Das gilt sowohl für die Lösung von Umweltproblemen über den Koordinationsmechanismus der Marktwirtschaft als auch für die Entdeckung neuer umweltfreundlicher und ressourcenschonende Verfahren im Wettbewerb. Zuletzt hat auf den geringeren Ressourcenverbrauch und die abnehmende Umweltzerstörung Andrew McAfee hingewiesen. Seit Jahrhunderten werden Nahrungsmittel immer produktiver erzeugt, seit Jahrzehnten werden dafür immer weniger Ressourcen benötigt. Das Wirtschaftswachstum koppelt sich dank findiger Unternehmer auf Entdeckungs- und Wettbewerbsmärkten vom Ressourcenverbrauch ab.

*Marktwirtschaft gegen Armut*

Zugleich ist die Marktwirtschaft auch der beste Verbündete der Armen. Die Indices zur wirtschaftlichen Freiheit sprechen Bände. So enthält der aktuelle Economic Freedom Index (EFI) bemerkenswert viele gute Nachrichten. Die wichtigste lautet: Die Freiheit hat weltweit zugenommen. Nach wie vor gilt, je freier ein Land desto besser für die Menschen. Im Rückblick bis in die 1950er Jahre wird deutlich, dass die Freiheit besonders in den anderthalb Jahrzehnten von 1985 bis 2000 gewachsen ist. In dieser Zeit legten die Regierungen eine Pause in ihrem unaufhörlichen Streben nach staatlicher Ausdehnung ein. Besonders erfreulich ist, dass die Leistungen der Unternehmer für eine prosperierende Welt gewürdigt werden:

> *„Es wird anerkannt, dass die Unternehmer mit ihren Innovationen, ihrer Förderung des sozialen Wandels und der Schaffung von Wettbewerb die wichtigsten Treiber des wirtschaftlichen und sozialen Fortschritts sind."*

Für Deutschland ist das nicht zuletzt eine Warnung an die Klimapolitiker, Regulierer, Zollfetischisten, Sanktionsfans und Vermögenssteuerfreaks. Wirtschaftliche Freiheit begünstigt Unternehmertum und sorgt so für Wohlstand und Wohlfahrt, eine lange Lebenserwartung eingeschlossen. Zugleich sind die wahren Profiteure der Unternehmen die Angestellten. Ihre Ausbeutung durch böse Kapitalisten ist eine törichte Diffamierung. Darauf hat vor Jahrzehnten bereits Henry Hazlitt hingewiesen. In seinem Buch zur Überwindung der Armut zeigte der amerikanische Publizist und Vorzeigeliberale auf:

Erst die Marktwirtschaft hat für massenhaften Wohlstand gesorgt. Marktwirtschaft bleibt ausnahmslos das beste Mittel gegen Armut. Überall dort, wo sich Marktwirtschaft nicht entfalten kann, wo in guter Absicht interveniert wird, werden die Armen schon mittelfristig noch ärmer, während die Marktwirtschaft Schaden nimmt. Das ist der rote Faden, der den zeitlos wertvollen Band durchzieht. Das wahre Problem der Armut ist also nicht die Verteilung, sondern die Produktion.

*Grenzenlos besser*

Zum Schluss noch ein Fingerzeig: Die Entgrenzung von Wissen und Kommunikation zu immer niedrigeren Kosten verbessert unsere Welt. Weniger Arbeitszeit, mehr Freizeit in größerem Wohlstand – gerade in Deutschland im internationalen Vergleich – machen das Leben angenehmer.

Allerdings bleibt auch mehr Zeit, um sich Sorgen zu machen – oder aber sich zu freuen.

Die Entscheidung liegt bei Ihnen!

Wenn nun noch die Politiker und die von ihnen bewirtschafteten Wähler dazu übergehen, den Großteil ihrer für Wirtschaft und Gesellschaft nachteiligen Entscheidungen zu unterlassen, würde das zur großartigen Entwicklung der Welt zusätzlich beitragen.

# Wie würde eine Welt ohne staatliche Geldmonopole aussehen?

Für viele Menschen ist eine Welt schwer vorstellbar, in der Geld nicht vom Staat kommt. Zugleich ist vielen gar nicht klar, dass es sich bei allen nationalen Währungssystemen um staatliche Monopole handelt, die weder natürlich sind noch deren Aufrechterhaltung erstrebenswert sein könnte. Ein wenig ähnelt die Lage der Geld-Welt der vor der Privatisierung des Telekom-Sektors.

Der amerikanische Ökonom George Selgin, bekannt für seine Arbeiten zum Free Banking und zur Geldpolitik, ist vor einigen Jahren von der Universität zum Cato Institut gewechselt. Dort leitet er das Center for Monetary and Financial Alternatives.

Genau diese Geld-Alternativen hat er in einem aktuellen Beitrag unter libertarianism.org skizziert: „*What would the world look like if money wasn't quite as tied to governments as it is now?*" Dabei nimmt er die Konsumenten-Perspektive ein, die für Marktwirtschaften die entscheidende ist.

Zwei grundlegende Einsichten erscheinen bedenkenswert:

1. Zwar ist unabsehbar, zu welchen Innovationen ein freies Geldwesen führen würde. Zugleich würde es mehr und bessere Innovationen in einem wettbewerblichen Geld- und Bankensystem geben, als das jemals in einem zentralisierten und schwer regulierten System der Fall sein kann.
2. Im Unterschied zu Staatssystemen könnten sich die Innovationen in einem freien Geldwesen nur dann durchsetzen, wenn die Konsumenten sie freiwillig akzeptieren. Zugleich wäre es für private Unternehmen unmöglich, Regulierungen gegen den Willen der Öffentlichkeit durchzusetzen.

Kurz: Wir alle würden in einer besseren Welt leben, wenn es ein freies Geldwesen geben würde, das die Hürde der Verbraucher-Akzeptanz meistern müsste. Der Bezahl-Alltag würde sich zunächst wenig von heute unterscheiden, später würden Innovationen den Alltag in vielen Facetten verbessern.

George Selgin thematisiert weitere Eigenheiten, die in der Debatte um ein freies Geldwesen eine zentrale Rolle spielen und unter Liberalen umstritten sind. Wahrscheinlich sind für ihn:

- Eine kleine Zahl führender Währungen, vielleicht sogar eine führende Währung in den meisten Regionen der Welt. Der führende Währungsstandard könnte noch der US-Dollar sein oder eine Kryptowährung, vielleicht auch eine Einheit Gold, Silber oder eine ausländische Währung. Auch eine parallele Existenz sei plausibel.
- Nahezu alle Transaktionen würden digital stattfinden, und zwar mit ähnlichen Bankdepositen wie heute. Das freie Bankwesen würde mit den privaten Währungen auf einem privaten Clearingsystem aufsetzen.
- Für die Regulierung der Geldmenge gebe es zwei Ansätze: entweder eine Regulierung der Geldmenge selbst durch eine Formel oder aber durch eine Konvertierbarkeitsregel, z.B. Dollar in Gold oder in ein anderes knappes Gut. Letztere habe sich historisch als sehr erfolgreich erwiesen.
- Ein Goldstandard einer Zentralbank sei hingegen ein wenig wahrscheinliches Szenario, weil der tiefe Vertrauensverlust dazu führende würde, dass Spekulanten das Konvertibilitätsversprechen testen würden.
- 100-Prozent-Reserve-Standards würden sich allenfalls sehr vereinzelt halten können, da sie im Wettbewerb zu Teilreserve-Währungen unterlegen seien.

Warum plädieren Free Banker und Freunde eines freien Geldwesens für ein Ende staatlicher Monopole? Im Wesentlichen sind es dieselben Gründe, die für eine Marktwirtschaft und gegen eine Staatswirtschaft sprechen. Friedrich August von Hayek hatte explizit die Regierungen kritisiert, die noch immer das Geld zum Schaden der Bevölkerungen verschlechtert haben.

Eine aktuelle Bilanz des Schwedischen Experiments mit negativen Zentralbankzinsen illustriert dies neuerlich. Aller Wahrscheinlichkeit nach übersteigen die Kosten dieses 2019 beendeten Experiments den Nutzen. Besonders gravierend ist dabei, dass die Riksbank zu extremen Maßnahmen greifen musste, um die Konsumentenpreisinflation zu erhöhen, und doch erfolglos blieb, während die negativen Folgen für die Häuser- und Finanzmärkte – und damit für die Bürger – beträchtlich waren. Zugleich gebe es international keinen Beleg, dass eine geringe Geldentwertung messbare negative Wirkungen auf die Wirtschaft hat.

Das erstaunt nicht, denn wer möchte ein Gut besitzen, das kontinuierlich von Bürokraten entwertet wird?

# Widerstand und Haltung in einer selbst gewählten Tragödie

„*Ein Deutscher, ein Mann wie eine Flamme, ein Freund am Abend vor dem Krieg.*" Harro Schulze-Boysen bildeten einen Knotenpunkt im bürgerlichen Widerstand gegen das NS-Regime. Der Schriftsteller Norman Ohler erzählt dessen beeindruckende und bedrückende Geschichte, zugleich die seiner Frau Libertas und vieler Mitstreiter. Entstanden ist ein Sachbuch, das wie ein Film durch den Kopf geht[9].

Harro und Libertas inmitten eines schillernden Netzwerkes – zwischen den Welten. Beide hatten namhafte Vorfahren im kaiserlichen Deutschland: den Soziologen Ferdinand Tönnies, Admiral von Tirpitz, den Kaiser-Vertrauten und Freund Philipp Fürst zu Eulenburg. Ohne herkömmliche Ausbildung machten beide beruflich Karriere. Harro war zunächst erfolgreicher Herausgeber der Zeitschrift „Gegner" mit einem bemerkenswerten Pluralismus politisch-kultureller Perspektiven, arbeitete später als geschätzter Referent und Offizier im Reichsluftfahrtministerium. Libertas hätte an ihre glänzende Marketing-Performance bei Metro-Goldwyn-Mayer eine internationale Karriere als moderne Frau anschließen können. Beiden liebten sich und andere Persönlichkeiten in einer offenen Ehe. Inmitten von einem „*Meer von Heuchelei und Mittelmaß*" scharten sie Schriftsteller, Künstler, Ärzte, Journalisten um sich, organisierten zahlreiche private Veranstaltungen, die Intellektualität und Vergnügen verbanden.

---

[9] Norman Ohler: Harro & Libertas. Eine Geschichte von Liebe und Widerstand, Kiepenheuer & Witsch, Köln 2019, 492 S., 24,00 Euro (gebundene Ausgabe).

*Bürgerlicher Widerstand*

Die vermeintliche „Rote Kapelle“ war tatsächlich ein Inbegriff von Berliner Bürgertum und Bohème. Die Gestapo ideologisierte das Netzwerk von rund 100 Personen um Harro Schulze-Boysen, Arvid Harnack und Adam Kuckhoff und konstruierte eine Lenkung durch den sowjetischen militärischen Geheimdienst. Selbst der Chef-Ermittler der Gestapo, Kriminalrat und SS-Hauptsturmführer Horst Kopkow, kam zu dem Schluss: „*Das können keine Kommunisten sein. Das ist Berliner Bohème. Kopkow ist verwirrt.*“ Und das NS-Regime war nicht zuletzt entsetzt über Breite, Vielfalt und Kreativität des Widerstands inmitten der Hauptstadt.

*Spießer als Machthaber*

Frühzeitig erkannte Harro Schulze-Boysen den deutschen Spießer als eigentlichen Feind. Der nistete sich überall ein. Die politischen Ziele des Freidenkers waren seit je her: „*Eigenarten anerkennen, Verschiedenheiten begrüßen*“ sowie persönliche Interessen hintanstellen und für die Freiheit eintreten.

Beim Lesen der Tragödie wird deutlich, dass der Kleinbürger Adolf Hitler und die ihn umgebenden Spießer in ihren schlechtsitzenden Anzügen keine Chance in einer großen, pluralen Gesellschaft hatten. Unbedingter Wille zur Macht, Gewalt und Organisationsfähigkeit, nicht zuletzt als Usurpation demokratischer und rechtsstaatlicher Institutionen, ermöglichten den Aufstieg des Postkartenmalers zum Gröfatz. Einblicke in das Verfahren der Militärgerichtsbarkeit illustrieren die groteske Willkür.

*Meinungstotalitarismus*

In der heutigen Krisenzeit scheint ein eigentümlicher Subtext durch. Das gilt für das sukzessive, dann rasende Unterdrücken von Meinungen. Wohin führt es, wenn nur noch eine Meinung bei Klima, Gender, Kapitalismus und Corona-Politik erlaubt sein soll, folglich abweichende Ansichten als leugnen, radikal und rechts diskreditiert werden?

Norman Ohler zeigt, wie Geschichtsschreiben gelingt und zum Nachdenken anregt. Wie lebt es sich in einer Gesellschaft, in der Andersdenken eine Straftat ist? Wie lebt es sich in den Trümmern eines Rechtsstaates? Wohin führt der Zusammenbruch einer politischen Ordnung?

Die allfällige Problematik partiell idealisierter Protagonisten schwingt mit. Die letzten Gründe für den Widerstand von Harro Schulze-Boysen nach seiner schweren Misshandlung durch die SS im April 1933 bleiben jedem Außenstehenden verschlossen, scheinen bei der lebensmunteren, mitwirkenden Libertas indes einfacher greifbar.

Zuletzt bleibt die Frage: Was wäre, wenn das Netzwerk keinen aussichtslosen Kampf geführt, sondern ein aussichtsreiches Leben geführt hätte. Es sind nicht nur die klügsten Köpfe, die man hängt, sondern auch die man braucht – für den Wiederaufbau in der Zeit danach.

# Zerrüttet

Es lohnt sich, das Original zu lesen. Das Thunberg-Ernman-Panoptikum[10] spricht für sich:

„*Unser Leben ist Chaos, und jegliche Logik scheint unendlich weit entfernt.*"

„*Greta erzählt uns, dass sie auf dem Schulhof verprügelt oder in einen Hinterhalt gelockt wurde. Sie erzählt von systematischer Ausgrenzung und von ihrem Zufluchtsort, der Mädchentoilette, wo sie sich manchmal versteckte und weinte, bis die Pausenaufsicht sie zwang, nach draußen auf den Schulhof zu gehen.*"

„*Ich will keine Freunde. Freunde sind Kinder, und alle Kinder sind gemein.*"

„*Also setzen wir eine Grenze, wir sprechen ein Machtwort. Das ist natürlich nicht das erste Mal, aber heute haben wir nicht vor nachzugeben.*"

„*Es wird kein guter Sommer. Keines der Kinder kann verreisen. Beata hat es versucht, aber jetzt will sie nicht mehr. Wir locken sie mit all den Aktivitäten, die man in der Stadt unternehmen kann. Doch jeder unserer Vorschläge wird mit einem ‚Halt die Klappe, du blöder Idiot' quittiert*".

„*Ich kündige mein Engagement am Stockholmer Stadttheater und nehme Antidepressiva und Beruhigungsmittel und warte darauf, dass die Sommerferien und die Badezimmerrenovierungen ein Ende haben. Wir schreien. Wir treten Löcher in die Türen. Wir kratzen uns. Wir schlagen Wände ein. Wir tragen Ringkämpfe aus. Wir weinen. Wir bitten um Hilfe, und wir halten aus.*"

---

[10] Literatur: Greta Thunberg, Svante Thunberg, Beata Ernman, Malena Ernman: Szenen aus dem Herzen. Unser Leben für das Klima, S. Fischer, 2. Auflage Frankfurt am Main 2019.

*„Jeden Dienstag sitze ich zwei Stunden vor diesem Raum. Ich darf mich nicht vom Fleck rühren, denn dann wird Beata nervös. Sie muss mich die ganze Zeit durch den Türspalt sehen können.“*

*„Die Psychologin kommt zurück. Ich leide wahrscheinlich an ADHS, außerdem zeige ich deutliche Anzeichen einer Depression und eines Erschöpfungssyndroms.“*

*„Ich stehe auf dem Bürgersteig vor dem Einkaufszentrum und bin all meine versteckten Handycaps so wahnsinnig leid; all meine unsichtbaren verdammten Probleme.“*

Greta Thunberg ist krank. Ihre Mutter ist krank. Ihre Schwester ist krank. Ihr Vater ist Hausmann. Das ist der erste Eindruck, den der Leser der Selbstdarstellung der Thunberg-Ernmans bei der Lektüre gewinnt. Die Familie ist vollkommen zerrüttet, psychisch kaputt: eine zeitweise unter Bulimie, dauerhaft unter ADHS und Depressionen leidende Mutter, eine Asperger-Tochter mit Anorexie, eine durch Vernachlässigung erkrankte Schwester. Dementsprechend zusammenhanglos sind auf den 254 Seiten 92 Szenen aneinandergereiht worden, die vielfach wirken, als seien sie unter Medikamenteneinfluss erlebt und erstaunlicherweise auch geschrieben und vom Verlag publiziert worden. In der zweiten Hälfte tauchen aufgeschnappte Schlagsätze über Klima und Nachhaltigkeit auf. Weltuntergang. Apokalypse. Ein kranker Planet.

Greta bestreikt die Schule, weil sie dort gemobbt wird. Greta handelt krankheitsbedingt nach dem Lustprinzip: völlige Konzentration auf das, was ihr gefällt. Was will die Familie? Das Ende der Wachstumsgesellschaft, eine radikale Politik, eine revolutionäre Umstellung – wörtlich: *„Meine Hoffnung verlangt radikales Handeln.“*

Deutsche haben einen Hang zur Verherrlichung Radikaler.

# Zeitlos: Wirtschafts- und Freiheitsfeindlichkeit des Totalitarismus

Peter F. Drucker (1909-2005) war und ist noch heute ein inspirierender Denker und Praktiker der Managementlehre. Der wohl einflussreichste Managementdenker hat 1939 eine existenzphilosophische Erklärung des Totalitarismus veröffentlicht – sie trägt den Titel „*The End of Economic Man*"[11].

Druckers Diagnose lautet, der Faschismus sei auf eine Umwertung aller Werte ausgerichtet. Das gelte insbesondere für den Kern der modernen Industriegesellschaft. Seit Adam Smith sei das Individuum mit seinem Streben nach Verbesserung der wirtschaftlichen Lage ins Zentrum gerückt. Drucker nennt das den Homo oeconomicus. Homo Agens wäre zwar eine treffendere Bezeichnung. Gleichwohl ging es dem Ende der 1930er Jahre in Vermont Philosophie und Politik lehrenden gebürtigen Wiener treffend darum, das Individuum, die Verbesserung der wirtschaftlichen Lebenslage für jeden und damit die Voraussetzung der Freiheit als Wesensmerkmale der bürgerlichen Gesellschaft zu betonen. Kapitalismus ist für Drucker „*eine soziale Ordnung und als Weltanschauung [...] der Ausdruck des Glaubens an einen wirtschaftlichen Fortschritt, der zu Freiheit und Gleichheit des Individuums in einer freien und gleichen Gesellschaft führt.*" Zugleich erkennt er in der Unterordnung der Freiheit die außergewöhnliche religiöse Kraft des Marxismus.

Der Kapitalismus war mit dem Ersten Weltkrieg als Gesellschaftsordnung passé, und der Sozialismus stellte für Drucker keine glaubwürdige Konkurrenz zum Kapitalismus mehr dar. Das Versprechen der Gleichheit habe sich als Illusion erwiesen.

---

[11] Literatur: Peter F. Drucker, The End of Economic Man, New York: John Day Co., 1939; deutsche Ausgabe: Ursprünge des Totalitarismus: Das Ende des Homo Oeconomicus, Karolinger, Wien/Leipzig 2010.

Den Menschen blieb ein Rumpfkapitalismus und die Suche nach einer neuen Ordnung.

*Politik statt Leistung*

In dieser Übergangszeit boten Faschisten und Nationalsozialisten eine klar strukturierte Welt, straff organisiert, klar hierarchisiert mit Führern und Gefolgschaft. Die neue Gesellschaft sollte vollständig nicht-industriell angelegt sein, d.h. nicht, dass es keine Industrie geben sollte, sondern vielmehr, dass nicht länger der wirtschaftliche Erfolg des Einzelnen seine Stellung ausmachen sollte. An die Stelle des Primats wirtschaftlicher Freiheit ließe sich formulieren, sollte der Primat der Politik rücken – in Deutschland zur Realisierung des Führer- und Rassestaats.

Tatsächlich waren die Nationalsozialisten in der wirtschaftlichen Sphäre um Hierarchisierung und Privilegierung durch Führer- und Gefolgschaftsverhältnisse bemüht. Sie wirkten in Richtung einer Organisation aller Lebensbereiche: Unternehmen als Betriebsführer, privilegierte „Kraft durch Freude" Urlauber, Wehrwirtschaft als soziale Organisation. Strebte Lenin nach einer Gesellschaft, die dem Vorbild der Post nachempfunden war, so strebten die Nationalsozialisten nach einer Gesellschaft, die dem Vorbild der Armee nachempfunden war. Ich habe das unter dem Begriff der „Kultur des Krieges" in einem wissenschaftlichen Aufsatz ausführlich analysiert.

*Was lehrt uns die Vergangenheit?*

Für alle Zeit sollten bei Forderungen, aus welchem Lager auch immer, nach einem Primat der Politik über das bloß Wirtschaftliche alle Alarmglocken klingeln. Wirtschaftliche Freiheit ist alltägliche Freiheit, ist soziale Freiheit par excellence. Friedrich August von Hayek schlug den Begriff Katalaxie vor, um Missverständnisse und Missbrauch des Begriffs Wirtschaft zu vermeiden. Wer heute im Namen der Umwelt, im Namen der Gleichheit der Lebensverhältnisse, des Antifaschismus, der Rasse und des Antirassismus, im Namen der Nation oder Europas ein Ende von Wachstum, die Beschneidung wirtschaftlicher

Freiheit einschließlich internationaler Handelsfreiheit fordert oder die Meinungsfreiheit zu beschränken sucht und auf konkrete Denk- und Handlungsmuster hinarbeitet, die es einzuhalten gelte, der macht sich zum Anwalt des Gegenteils von Liberalismus, nämlich zum Wegbereiter des Totalitarismus. Und es besteht kein Zweifel, dass dieses Streben eine Gefahr für Leib, Leben und Eigentum bedeutet.

# Charaktere

## Afrikanischer Aufklärer Zarayaqob

Wer kennt Zarayaqob? Der äthiopische Philosoph aus Aksum lebte im 17. Jahrhundert und war einer der herausragenden Aufklärer vor der Aufklärung – praktisch unbekannt bis ins 19. Jahrhundert.

Bekele Gutema schrieb in „Zarayaqob: Ein äthiopischer Philosoph“: „Er dachte und lehrte, wenn auch nur für wenige Leute, dass die menschliche Vernunft die Wahrheit erkennen kann. Er glaubte an den Reichtum der menschlichen Natur und Fähigkeiten, weswegen seine Philosophie von bleibender Bedeutung nicht nur innerhalb der äthiopischen Kultur ist.“

Zarayaqob sah den Menschen als freies Wesen und als Vernunftwesen. Der sehr eigenständige Denker befasste sich mit klassischen Problemen der Philosophie, methodisch reflektiert. Als koptischer Christ hat er sich mit Religion und Weltanschauung seiner Zeit auseinandergesetzt. Er blieb kritisch gegenüber organisierten Versuchen einer standardisierten Religion und kam verschiedentlich zu ähnlichen Ergebnissen wie die europäischen Aufklärer. Zwar blieb Zarayaqob weitgehend einflusslos, selbst in seiner Region. Allerdings ist seine Philosophie ein herausragendes Zeugnis afrikanischer, im Grunde universaler Aufklärung.

*Vernunft statt Dogma*

Die Aufklärung ersetzte Dogma und Aberglaube durch Vernunft, überwand durch rationales Denken die Hürden, die gegen den Fortschritt errichtet worden waren. Die Denker der Aufklärung sahen die menschliche Vernunft als universelle Urteilsinstanz an. Im Zeitalter der Aufklärung wurden starre, überholte Sitten, Traditionen und Regeln hinterfragt.

Freies Denken statt blinder Dogmatik ist es, das Zarayaqob auszeichnete. Von ihm ist nur ein Traktat überliefert, das er nicht einmal selbst geschrieben hat. Doch die enthaltenen Gedanken gehören offensichtlich zur Aufklärung, betonen die Vernunft als zentrale Entscheidungsinstanz, dokumentieren die angebrachte kritische Haltung gegenüber unhinterfragten Behauptungen, werben für eine philosophische Haltung, die Vorurteile zurückstellt.

*Beschauliches Leben*

Zarayaqob lebte fast ein ganzes Jahrhundert in Äthiopien, von 1599-1692. Er wuchs in Aksum auf, einem Zentrum der alten äthiopischen Zivilisation. Als Sohn einfacher koptischer Bauern fiel er durch schnelles Lernen in der Schule auf. Sein Lehrer warb für ein Studium, das er vier Jahre in Rhetorik, Dichtung und kritischem Denken genoss.

Nach einem Sturz in eine Schlucht, bei dem er praktisch unverletzt blieb, beschloss er sein, Leben dem Studium heiliger Schriften zu widmen. 10 Jahre lang verfolgte er endlose religiöse Debatten zwischen Christen, Juden und Muslimen. Die sehr subjektiven Argumentationen ohne konsistente Prinzipien störten ihn. Anders als die Kontrahenten in den Disputen war Zarayaqob ein guter Zuhörer und ein Skeptiker organisierter Religion. Religion betrachtete er mit Vernunft und als individuelle Angelegenheit. Darin ähnelte er dem späteren Gründervater der USA Thomas Paine.

Nach Skum zurückgekehrt, lehrte er dort vier Jahre inmitten religiöser Spannungen. Zarayaqob blieb mit seiner neutralen, vernunftgeleiteten Haltung miss- und unverstanden. Inmitten der Versuche portugiesischer Jesuiten, die Bevölkerung zum Katholizismus zu bekehren, und nach der Konversion des Königs musste Zarayaqob fliehen, weil er von einem Priester denunziert worden war.

Im Nachbarkönigreich Shoa verbrachte er zwei Jahre in einer abgeschiedenen Höhle, umgeben von wunderbarer Natur. Selten besuchte er Siedlungen, wo er Lebensmittel und Kleidung bekam. Während dieser Zeit entstand sein Werk „Die Untersuchung“ im Zuge von Meditation und Reflexion, unbeeinflusst von Meinungen anderer. Zarayacob stellte sich Fragen, wie sie methodisch konsequent im 20. Jahrhundert vom Physiker Enrico Fermi angewandt wurden.

Nach dem Tod des Königs verwies dessen Sohn und Nachfolger die Jesuiten des Landes. Das koptische Christentum wurde wieder Staatsreligion. Zarayaqob kehrte aus der Höhle zurück und ging in die Stadt Enferez, wo er unbekannt war. Dort transkribierte er die Psalmen Davids für einen wohlhabenden Mann namens Habtu und heiratete eine seiner Angestellten namens Hirut. Als ungewöhnlich für die Zeit gilt, dass er Hirut fragte, ob sie ihn heiraten möchte. Einer der Söhne von Habtu, Wolde Heywot, schrieb Zarayaqobs Gedanken auf und versuchte, das Werk zu popularisieren[12].

Zarayaqob starb im biblischen Alter von 93.

*Erkenntnisse und Lehren*

Bis ins 19. Jahrhundert scheint Zarayaqobs Lehre, soweit bisher belegbar, vorwiegend von seinem Schüler Wolde rezipiert worden zu sein. In seiner Untersuchung „Hata“ fordert Zarayaqob:

- Behandele andere nicht so, wie du nicht selbst behandelt werden willst, sondern behandele andere so, wie du von anderen behandelt werden möchtest.
- Das Streben nach Vollkommenheit stellt eine Pflicht dar, denn Gott hat den Menschen unvollkommen geschaffen, und der einzige Grund dafür muss darin liegen, dass der Mensch die Vollkommenheit selbst erreichen soll.

---

[12] The Treatise of Zara Yaqob and of Wolde Heywot. Text and Authorship. Addis Ababa: University of Addis Ababa 1976
The Treatise of Zara Yaqob and of Wolde Heywot. An Analysis. Addis Ababa: University of Addis Ababa 1978

- Mann und Frau sind gleichgestellt, zumindest in der Ehe. Denn in der Gegenwart Gottes sind alle Menschen gleich, weil sie seine Geschöpfe sind. Sprachlich ähnelte das John Locke und der Verfassung der USA.
- Sklaverei ist eine irrationale Praxis, die Gottes Willen unterdrückt, der uns gleich gemacht hat wie Brüder.

Die Untersuchung ist durchdrungen von kritischem, Vernunft geleitetem Nachdenken. Zarayaqob kritisierte religiöse Normen ohne vernünftige Grundlage und war von Gottes Rationalität überzeugt. Gott würde nichts Absurdes anordnen. Fasten oder das Verbot bestimmter Speisen lehnte Zarayaqob ab – Essen könne nie falsch sein. Als absurd sah er das vermeintliche Auserwählen von Menschen und das exklusive Eröffnen der Gotteslehre für Einzelne an. Polygamie im Islam, Ehelosigkeit von Mönchen im Christentum seien falsche, nicht von Gott stammende Glaubenssätze

Zarayaqob unterschied die Gesetze Gottes als gutes Naturrecht von den fehlerhaften Gesetzen der Menschen. Die Gesetze Gottes seien ewig, unveränderlich und vollkommen, die der Menschen kontingent, stetig wandelnd und unvollkommen. Die Gottesgesetz beruhten auf der natürlichen Ordnung der Dinge, die der Menschen auf dem Willen der Mitmenschen, seien vielfach selbstbezogen und beruhten auf irrationalen Voraussetzungen. Alles, was Gott geschaffen habe, sei gut.

Zarayaqob ist für seine Harmonie-Lehre bekannt geworden. Das Moralische des Handelns entscheide sich daran, ob es die Harmonie in der Welt befördere oder behindere. Das kommt auch in diesem Ausspruch zur Geltung: *„Die katholischen Christen sagen dies und dies, die koptischen Christen sagen das und das, aber ich sagte, alle diese Auffassungen können gut sein, wenn wir selbst gut sind.“*

Der richtige Weg war für Zarayaqob bereits zu seiner Zeit, die Vernunft und Intelligenz zu gebrauchen. Wenn wir nur einfach akzeptieren, was andere sagen, anstatt unsere Vernunft zu gebrauchen, verstehen wir nicht die Weisheit Gottes, so der äthiopische Philosoph des 17. Jahrhunderts.

Zarayaqobs Werk wurde von Walda aktualisiert und enthält auch einen Hinweis auf seinen Tod. Die Autorenschaft ist umstritten. Sicher ist, Zarayaqob fiel mit seinen Gedanken aus der Zeit. Die Menschen waren noch nicht reif dafür, noch zu sehr in hinderlichen Traditionen gebunden. Da er sich dessen bewusst war, versuchte er nicht, seine Gedanken zu verbreiten. Schön zu wissen, dass es sie gegeben hat.

# Café Hayek: Don Boudreaux & Russ Roberts

Ein Besuch im Café Hayek lohnt sich immer. Dort bedienten zwei klare, kluge Köpfe die Besucher mit liberalen Köstlichkeiten: Donald J. Boudreaux, der ungekrönte König der Leserbriefe, und Russell Roberts, der Gastgeber von Econtalk. Beide sind Ökonomen, die zusammen mit anderen konsequenten Liberalen und Freunden der Österreichischen Schule an der George Mason University eine Heimat für interdisziplinäres, freiheitliches Denken geschaffen haben.

Café Hayek (www.cafehayek.com) ist ein Blog mit dem erläuternden Satz: Where Orders Emerge. Die spontane, emergent entstehende Ordnung ist eines, wenn nicht das zentrale Thema der Arbeiten von Friedrich August von Hayek. Der erste, noch verfügbare Eintrag stammt vom 13. April 2004 und handelt vom Konfiszieren westlicher Autos in Kuba. In Spitzenzeiten gab es über 100 Beiträge in einem Monat. Die Kategorien reichen von Adam Smith über Book, Charity, Crime und Environment bis Terrorism, Trade und Wal-Mart – insgesamt sind es ca. 100. Besonders innovativ und gelungen finde ich die Rubrik „Cleaned by Capitalism“, in der Don Boudreaux aufzeigt, wie und wo der Kapitalismus für eine saubere Welt sorgt.

Café Hayek ist ein ökonomisch orientierter, aber nicht auf das Wirtschaftliche beschränkter, konsequent liberaler Blog, der mindestens zwei drei Dinge bietet:

1. Klarheit in einer ökonomisch konfusen und von Irrtümern geprägten Welt,
2. Einordnung von Details in das Gesamtbild der Ordnungen und Systeme,
3. liberale Welt- und Weitsicht mit einer Fülle von Hinweisen auf Erkenntnisse, die im Mainstream nicht auftauchen.

Hilfreich ist, dass beide gute ökonomische Lehrer sind, die inspirieren. Beide sind auf ihre jeweils eigene Weise wertvolle Freiheitsfreunde, Freiheitsliebende und Beschützer der Freiheit.

**Die spitze Feder**

Donald J. Boudreaux, Jahrgang 1958, stammt aus einfachen Verhältnissen und wuchs in New Orleans auf. Er ist nicht nur libertärer Ökonom, sondern auch Jurist, war langjähriger Dekan der wirtschaftswissenschaftlichen Fakultät der George Mason University in Fairfax, Virginia, zuvor Präsident des von Leonard Read gegründeten und von Henry Hazlitt mit geprägten Think Tanks „Foundation for Economic Education" (FEE). Als Kolumnist der zweitgrößten Tageszeitung in Pennsylvania „Pittsburg Tribune-Review" erreicht er seit Jahren eine große Leserschaft. Sein Lehrstuhl ist dem Studium der freien Marktwirtschaft gewidmet – Martha and Nelson Getchell Chair for the Study of Free Market Capitalism. Seine wissenschaftlichen Schwerpunkte sind Globalisierung, Handel, Recht und Ökonomie sowie Kartellrecht.

Don Boudreaux scheut sich nicht, mit Scharfsinn, logischer Konsequenz und pointierten Formulierungen täglich Irrtümer richtigzustellen – sei es von Studenten, ganz normalen Menschen oder dem Nobelpreisträger Paul Krugman, dessen Widersprüche, Fehler und unsolide Ökonomie er eine Zeit lang aufs Korn nahm. Don Boudreauxs nahezu täglich geschriebenen Leserbriefe bestechen durch Klarheit und Konzentration auf das Wesentliche. Darüber hinaus möchte ich zwei Bücher empfehlen. Das erste ist ein exzellentes wissenschaftliches Buch über Globalisierung mit dem gleichnamigen Titel „*Globalization*" von 2007; das zweite ist eine Auswahl an Leserbriefen, die Freunde und Fans in dem Band „*Hypocrites & Half-Wits: A Daily Dose of Sanity from Cafe Hayek*" zusammengestellt haben.

Wenn Don Boudreaux Stellung bezieht, nimmt er kein Blatt vor den Mund. Ein Beispiel ist der nachfolgende kleine Auszug aus seiner Kolumne für den Think Tank „American Institute for

Economic Research", in der er aus tiefer Überzeugung geradezu predigt:

> *„Die Zivilisation wie wir sie kennen – die liberale, freie, dynamisch prosperierende Zivilisation – kann nicht die, wie ich fürchte, wiederholten Runden pathogener Panik und der daraus resultierenden Coronaidiotie (original: Covidocracy) ähnlichen Tyrannei überleben.*
> *Und daher werde ich fortfahren, mit jeder Sehne öffentlich gegen diesen Irrsinn zu protestieren – um jede Rolle zu übernehmen, die mir möglich ist, um die Menschen zu überzeugen, ihre exzessive Angst vor Corona zu mäßigen – um zu warnen, wann immer ich kann, vor den vielen Gefahren des Hygiene Sozialismus – um im Privaten meine stillen Freunde zu drängen, ihr öffentliches Schweigen zu brechen."*

Es lohnt sich in fast jedem Fall, auch zur Verbesserung des eigenen Denkens, den Senior Fellow, F. A. Hayek Program for Advanced Study in Philosophy, Politics, and Economics, Don Boudreaux, im Café Hayek zu besuchen.

**Gesprächspartner und kreativer Impulsgeber**

Ein wunderbarer Gesprächspartner ist Russ Roberts. Mit Econtalk (www.econtalk.org) hat er ein Format geschaffen, das in Sachen Bildung, kluger Unterhaltung, Inspiration und vorbildlicher Gesprächsführung seinesgleichen sucht. Zumindest bin ich davon überzeugt.

Russell Roberts, klassisch liberaler Ökonom, Jahrgang 1953, war Professor an der George Mason University, ist Research Fellow at Stanford University's Hoover Institution und wird als Präsident des Shalem College in Jerusalem vermutlich in das Heimatland seines Glaubens ziehen. Russ Roberts promovierte zwar in Chicago bei dem Neoklassiker Gary Becker, ist aber vielmehr Hayekianer und wirbt für die Weisheit von Adam Smith. Seine Vielseitigkeit stellte er mit dem überaus erfolgreichen Rap Battle Video „Fear the Boom and Bust" unter Beweis, dass er, wie die Fortsetzung, zusammen mit dem Produzenten John

Papola schuf. Überaus gelungen und lebendig wird die Kontroverse von Keynes und Hayek über die Ursachen der Weltwirtchaftskrise inszeniert. Vergleichsweise weniger Aufmerksamkeit hat bisher die wunderbare gestaltete Webseite „It's a Wonderful Loaf“ (https://wonderfulloaf.org) erfahren. Das wunderschöne Gedicht von Russ Roberts zeigt den Segen der Arbeitsteilung, koordiniert von der unsichtbaren Hand.

Das ist indes noch nicht alles. Russ Roberts hat vor und während seiner Zeit im Café Hayek mehrere ökonomische Romane verfasst, darunter "*The Choice: A Fable of Free Trade and Protectionism*" und "*The Invisible Heart: An Economic Romance*" sowie "*The Price of Everything: A Parable of Possibility and Prosperity*". Die Geschichten sind als Gespräche zwischen Skeptikern und Befürwortern einer freien Marktwirtschaft angelegt.

Für mich leistet Russ Roberts ganze Arbeit, wenn die Überlegenheit der spontanen Ordnung im Vergleich zum Regierungshandeln diskutiert wird. Schließlich sei noch sein Buch über die Theorie der ethischen Gefühle von Adam Smith empfohlen: „*How Adam Smith Can Change Your Life: An Unexpected Guide to Human Nature and Happines*“.

Russ Roberts ändert mein Leben. Immer wieder. Das liegt regelmäßig an den einsichtsreichen Gesprächen, die als Econtalk Podcast mit automatischer Transkription wöchentlich verfügbar sind. Die Themenbandbreite ist enorm und reicht von der Finanzkrise über Stadtplanung und Sport bis zu Shakespeare und einen faszinierenden Erlebnisbericht über die harte Arbeit als Fischer in Buchform.

Passend zum Café Hayek. Where Orders Emerge, hat Russ Roberts in seinem Roman „*The Price of Everything*“ eine bemerkenswerten Frage aufgeworfen: Wer bestimmt den Preis? Die Antwort lautet: Niemand! Preise kommen emergent zustande, das heißt sie bilden sich heraus, ohne dass jemand (allein) sie bestimmen kann. Niemand verfügt über das erforderliche Wissen. Eine wesentliche Orientierung ermöglicht neben der aktuellen Angebots- und Nachfragesituation ein Blick in die Vergangenheit. Stellen Sie sich vor, sie möchten ein Haus in ihrem Stadtteil verkaufen. Es wird Ihnen aller Wahrscheinlichkeit nach nicht möglich sein, den Verkaufspreis autonom festzusetzen. Der ehemalige Nachbar, der sein Haus vor Ihnen verkauft hat, konnte den Preis ebensowenig nach seinen Wunschvorstellungen festlegen wie der neue Nachbar, der soeben eines erworben hat. In ihrem Stadtteil gibt es für bestimmte Häuser, darunter Einfamilienhäuser, ein Preisniveau, das einfach besteht, ohne dass es jemand festgelegt hätte. Das Preisniveau beruht auf einer Geschichte des Tauschs von Anbietern und Nachfragern.

Was verbindet Don Boudreaux und Russ Roberts inhaltlich? Nun vieles, das sich vielleicht am besten so zusammenfassen lässt, wie Don Boudreaux einmal in einem Interview äußerte: Ökonomie sei eine Wissenschaft im klassischen Sinne, nämlich die Suche nach dem Verstehen. Obwohl beide bereits viel verstanden haben und uns daran teilhaben lassen, geht ihre und unsere Suche weiter.

# Im Vincent: Wortmetz Stefan Blankertz

Es gibt Whiskey und Cuba Libre, am Fenster, in der Sommerzeit am offenen, bodentiefen Fenster des Vincent. Die Bar liegt am Schiffbauerdamm. Die Spree ist einen Katzensprung entfernt, auf der anderen Straßenseite hinter dem Zaun. Stefan Blankertz kommt immer wieder zu einem sehr anregenden Gespräch hierher. Wenn wir uns treffen, hat er zumeist ein neues Buch dabei, das er natürlich selbst geschrieben, gelayoutet und publiziert hat. Stefan Blankertz ist ein Wortmetz. Es gelingt ihm, Lyrik und Anarchokapitalismus zu verbinden, Marx mit Marx zu konfrontieren und beiden Marxen etwas abzugewinnen. Vor allem ist er ein feiner Mensch.

In einer Zeit, in der persönliche Treffen in einer Bar vom Staat verboten sind, frage ich Stefan schriftlich.

- Möchtest Du, dass sich Menschen an Dich erinnern und wenn ja, was ich hoffe, wie könnten sie das vielleicht tun?
  *Die Grundbedingung sowohl für Freiheit als auch Frieden ist gegeben, sofern man erträgt, dass der Andere anders denkt und anders handelt, als man selbst das vielleicht lieber sähe. Gern würde ich es sehen, wenn die Erinnerung an mich verbunden ist mit einem Beitrag dazu, Toleranz als zentralen sozialen Wert neu zu entdecken.*

- Wie bist Du zum Freiheitliebenden geworden und was bewegt Dich dabei im Innern – Herz und oder Kopf?
  *Schon sehr früh. Ich las 1970 in einem Spiegel-Artikel, der besorgt über die anarchistischen Tendenzen in der Protestbewegung schrieb, dass die Anarchisten glauben, die Menschen könnten ein Leben ohne Staatsgewalt organisieren. Obwohl der Artikel, ich habe ihn inzwischen im digitalen Spiegel-Archiv wiedergefunden (er ist von Ende 1969), vor Verachtung und Abscheu strotzte, fesselte der Gedanke mich sofort. In der Bibliothek meines Vaters fand ich das Buch des Anarchisten Martin Buber »Pfade in Utopia« von 1950. Bis*

*heute schaue ich es mit Ehrfurcht an und es verursacht mir Gänsehaut. Buber hatte nichts von einem radikalen Bombenwerfer. Er trat immer für Verständigung ein, und das ist es, was ich sowohl für rational halte als auch das, worin ich eine wertvolle, tröstliche Perspektive sehe.*

- Was schätzt Du an Murray Rothbard besonders?
  *Dass er »für ein bisschen Frieden« bereit war, eigentlich fast alles andere zu opfern, sogar seine innersten Überzeugungen. Das gelingt mir nicht.*

- Warum bist Du vom Anarchokapitalismus überzeugt?

  *Ohne freien Handel kann keiner frei handeln. Aber eben auch umgekehrt: Wenn die Leute nicht frei handeln dürfen, gibt es auch keinen freien Handel. Staatsgewalt behindert immer beides, die Möglichkeit, frei zu handeln, und den freien Handel.*

- Warum hast Du ein Institut für Ideologiekritik gegründet? Leben wir nicht im post-ideologischen Zeitalter?

  *Unter Ideologie verstehe ich die Verschleierung von herrschenden (ökonomischen) Interessen. Und die, die das post-ideologische Zeitalter ausrufen, verschleiern genau diese Funktion, die die angeblich »unideologischen« wissenschaftlich-technokratischen Begründungen von politischem Zwangshandeln erfüllen.*

- Du bist enorm produktiv. Deine professionell gestalteten Bücher sind sehr vielfältig. Wenn Du eins oder bis zu drei hervorheben könntest, welche wären das und warum?

  *Unter den theoretischen: »Widerstand« von 2016, weil ich darin eine allgemeine Theorie der Staatsentstehung und -entwicklung formuliert habe. Unter den literarischen: »Du sollst nicht töten« (2013), die Dystopie über die verzweifelte Friedensinitiative in einem vom Bürgerkrieg zerstörten Berlin.*

- Erleben wir nur eine etatistische Welle oder ein gleich ein neues Staatszeitalter?

  *Die Zeichen stehen auf Sturmflut. Aber es ist immerhin auch möglich, dass die Menschen irgendwann nicht mehr mitmachen.*

- Hast Du eine Lebensmaxime und hilft die vielleicht auch anderen Menschen?

  *Unbeirrt tun, was man meint, tun zu müssen; aber geduldig mit Anderen sein.*

# Vollkommen frei und unabhängig: Roland Baader

Roland Baader (1940-2012) war ein feiner, liebenswürdiger Mensch. Zumindest habe ich ihn so kennengelernt, leider schon von seiner schweren Krankheit gezeichnet, zugleich mit vorbildlicher Haltung. Für unser Gespräch bei ihm Zuhause in Kirrlach hatte er sich nicht nur Zeit genommen, sondern auch noch eine feine Auswahl aus dem Angebot einer Konditorei beschafft.

Im Herbst 2011 war er besorgt – wegen der geistigen Verfassung der Gesellschaft, angetan von der Kritik des Geldsystems, die Thorsten Polleit und ich mit „Geldreform“ zuerst bei André F. Lichtschlag veröffentlicht hatten und die er selbst bereits Jahre zuvor in anderer Form mit „Geld, Gold, Gottspieler“ wortgewaltig vorgetragen hatte. Mindestens 15 Sekunden TV-Berühmtheit hatte er damit 2008 erlangt als der Fußballspieler Oliver Kahn im ZDF dem sichtbar erstaunten Moderator Johannes Kerner über den Verkauf aller seiner Aktien im Jahr 2006 berichtete. Er sei von „Geld, Gold, Gottspieler“ beeindruckt gewesen und hoffte, nicht noch mehr Vorhersagen Baaders in Erfüllung gehen zu sehen als die Finanzkrise.

Mit seinem kleinen und letzten Band „Geldsozialismus“ hat er noch einmal krankes Geld als Ursache der globalen Depression analysiert. Seine zentrale Frage, die eher eine Anklage ist, lautet, wie die Völker *„dem Aberglauben verfallen und sich von ihren politischen Eliten einreden lassen [konnten], dass man mit beliebig gedrucktem und per Federstrich erzeugtem Papiergeld den Reichtum der Nation erhöhen und das Wirtschaftswachstum erhöhen könne*“.

In „Geldsozialismus“ zeigt Roland Baader den Unterschied zwischen krankem und gesundem Geld auf, belegt, dass Zentralbanken zerstörerische Institutionen sind, und skizziert die dramatischen Folgen, die die Schuldenmentalität nicht zuletzt für die Moral hat. Natürlich fehlen Aufklärung über Inflation und

Deflation sowie Konjunkturzyklen, gespickt mit historischen Richtigstellungen, etwa zur Großen Depression der 30er Jahre, nicht. Gelungen ist auch die Abrechnung mit den „Geld-Spinnern", den „monetary cranks" (Gary North), die uns bis heute massenhaft weißmachen wollen, das System der Geldentstehung unterscheide sich von anderen Marktphänomenen. Schuldfrage, Rettungsdesaster und die Forderung nach einer Entnationalisierung des Geldes beschließen den Band.

Roland Baader hätte sich sicherlich sehr gefreut, wenn er miterlebt hätte, wie viele gerade auch junge Menschen von seinem Werk heute zehren. Das gilt insbesondere für das inzwischen zum 11. Gebot – liberal betrachtet gar zum 1. Gebot – aufgestiegene geflügelte Wort: „*Das einzig wahre Menschenrecht ist das Recht, in Ruhe gelassen zu werden.*"

Zugleich wäre er besorgt, weil die politische Lage für Freiheit und Marktwirtschaft noch schlechter ist als vor 20 Jahren. 1999 war das an die Jugend gerichtet Buch „*Die belogene Generation. Politisch manipuliert statt zukunftsfähig informiert*" erschienen.

2002 folgte „totgedacht" – mein Lieblingsbuch von Roland Baader. Ein wesentlicher Grund mag drin liegen, dass hier eine besonders konsequente Korrektur von Irrtümern erfolgt, von schlechter Ökonomie und verstiegenen Ansichten über eine gute Gesellschaft. Ein anderer wichtiger Aspekt ist, dass auf die letzten Gründe – die Ideen der zerstörerischen Ideologien – hingewiesen wird. Für deren Realisierung finden sich stets tatkräftige Männer und Frauen. „totgedacht" ist nicht nur als Titel ein Volltreffer. Der Inhalt des gleichermaßen perspektiven- wie lehrreichen Buches reiht einen Treffer ins Schwarze an den anderen: verheerende Ideologien werden entlarvt, die Praxis des Verharmlosens, Verschweigens und der Realitätsverdrehung wird schonungslos aufgedeckt. Zudem brandmarkt der prinzipientreue Publizist die Pervertierung von Moral und Recht und enthüllt schließlich das Panoptikum des unaufhörlichen Missbrauchs der Vernunft: „*Alle gesellschaftlichen Katastrophen des 20. Jahrhunderts [...] waren Kopfgeburten von Intellektuellen.*"

„totgedacht“ räumt mit der Jahrhundertlüge des edlen Sozialismus und des unmoralischen Kapitalismus auf. Abermillionen Tote sind als Opfer der Herrschaft des Sozialismus zu beklagen. Der Kapitalismus hat Hunderte Millionen, eher Milliarden Menschen überleben lassen und aus der absoluten Armut befreit. Unter der Überschrift „Moderner Hexenwahn“ schreibt er:

> *„Die Feinde der persönlichen Freiheit aller Richtungen laden das Wort Liberalismus – unter Verwendung der modischen Vokabel Neoliberalismus – mit den Assoziationen Freiheits- und Demokratiefeindlichkeit, Materialismus, Egoismus, Wertebeliebigkeit, Dogmatismus und Fundamentalismus auf, also mit Attributen, die in Wahrheit dem Sozialismus weit eher gebühren als dem (richtig verstandenen) Liberalismus. Es handelt sich hierbei um die perfideste Täuschung und Desinformazia seit den historischen Lügenkampagnen von Marx, Engels, Lenin und roten Konsorten gegen den Kapitalismus und den Liberalismus.“*

Der konsequent liberale Freiheitsdenker fordert den Leser auf, sorgfältig zu unterscheiden zwischen Ideen, die der Freiheit jedes einzelnen Menschen schaden und so unsere Welt kaputtmachen, und Ideen, die uns wachsen lassen.

Der Liberalismus ist die Idee des Wachstums, nicht zuletzt des persönlichen Wachstums.

Das hätte der unabhängige Ökonom und Sozialphilosoph aus Waghäusel zum krönenden Schluss noch ausarbeiten können. Stattdessen ist der Band überwiegend als Dekonstruktion angelegt. Allerdings ist „totgedacht“ stets auch ein Vergleich zwischen Sozialismus und Kapitalismus sowie zwischen autoritärer Herrschaft und einer geschlossenen Gesellschaft einerseits sowie einer offenen, freien Gesellschaft als rechtsstaatliche Demokratie andererseits.

„totgedacht“ wurde auf der von mir gegründeten damaligen kleinen Online Plattform „Forum Ordnungspolitik“ mit dem Untertitel: „Auf der Suche nach einer anderen Ordnung“, die bis

2015 insgesamt fast 10 Jahre Bestand hatte und zu „Forum Freie Gesellschaft“ fortentwickelt wurde, als einziges Buch zweimal zum Buch des Monats gewählt. Es hat mich berührt, dass Roland Baader das etwas zu bedeuten schien. Das gilt auch für dortige Würdigungen von weiteren seiner Publikationen und einige Texte, die er selbst zur Verfügung stellte. Stets war er als Publizist um die pragmatische Verbreitung der besseren Ideen bemüht. Lange war er auf libertärem Feld im deutschsprachigen Raum, wenn nicht allein, so doch ein Leuchtturm.

Wer den wortgewaltigen Publizisten besser kennenlernen möchte, der findet Informationen zum großen Freiheitsautor auf der Seite www.roland-baader.de.

# Intellektueller Grenzgänger
# Ralf Dahrendorf

Ralf Dahrendorf war ein Grenzgänger. Anders als Reinhold Messner, der in lebensgefährlichen Grenzsituationen physische Grenzen verschob und Sinn konstruierte, überschritt Dahrendorf konventionelle Grenzen. Gemeinsam ist beiden, dass sie als selbstbestimmte Menschen ihren selbstdefinierten Platz gefunden haben. Dahrendorf balancierte mit Vergnügen auf der Grenzlinie zwischen „politischem Intellektuellen" und „intellektuellem Politiker", in selbstbewusster Zurückhaltung als zeitkritischer Journalist, Sozialwissenschaftler, liberaler Politiker.

Einblicke in Dahrendorfs Lebenserfahrungen und Prägungen bieten seine autobiographischen Lebenserinnerungen „*Über Grenzen*".

Ergebnis seiner Lebenserfahrungen sind seine Prognosen und Diagnosen zu den „*Krisen der Demokratie*", die er im Gespräch mit dem italienischen Korrespondenten Antonio Polito entwickelt.

Beides sind schmale Bände, die ein kurzweiliges Lesevergnügen bieten ob der klugen, knappen Analysen, der klaren Sprache, dem Hang zu Understatement und Ironie.

*Lebenserinnerungen*

„*Über Grenzen*" ist eine Auswahl und zugleich ein autobiographischer Ausschnitt.

Eine Auswahl, weil es sich um eine in über 20 Kapitel gegliederte Sammlung von Geschichten handelt.

Ein Ausschnitt, weil die chronologisch geordneten Erzählungen nur bis zum Alter von 28 Jahren reichen. Das ist Dahrendorfs persönliche „Achsenzeit". In diesem Zeitraum wurde der Mensch Dahrendorf geprägt, kristallisierten sich seine Grundkategorien, Interessen, Motivstrukturen heraus, die das weitere Leben als „Extrapolation" erscheinen lassen:

*„Achtundzwanzig ist gleichsam meine Entelechie, die Form, in der meine Lebenskraft ihren reinsten Ausdruck fand.“* Zugleich enthalten die Lebenserinnerungen immer wieder Ausblicke auf spätere Lebensstationen und den damit verbundenen Persönlichkeiten.

Welche Faktoren, Ereignisse, Persönlichkeiten haben Ralf Dahrendorf bis zu diesem Lebensjahr geprägt?

*Hanseat – Freiheitsliebender – Journalist*

Geboren in der weltoffenen Hansestadt Hamburg mit ihrem ausgeprägten Bürgersinn, dem „Wurzelgrund der Dahrendorfs“, und aufgewachsen im sozialdemokratischen Elternhaus – sein Vater Gustav Dahrendorf war mit der Familie als Reichstagsabgeordneter 1932 nach Berlin gezogen – blieb für den Sohn Ralf *„die Welt meines Vaters der Inbegriff des Guten in der deutschen Tradition*“.

Dazu gehörte – wie für Willy Brandt, den der FDP-Bundestagsabgeordnete Dahrendorf 1969 bewunderte, – vor allem die Freiheit als gesellschaftliche und persönliche Existenzbedingung. Ausdruck dieser Geisteshaltung war der Widerstand des Anstandes gegen das NS-Regime. Vater und Sohn kamen in Gestapo- und Lagerhaft. Zehn Tage Einzelhaft im Dezember 1944 immunisierten Ralf Dahrendorf gegen jedwede totalitäre Versuchung und erweckten in ihm einen *„fast klaustrophobischen Drang zur Freiheit“*.

Die vom britischen Militär unterstützte Flucht vor der neuen totalitären Bedrohung im Vorfeld der SED-Gründung führte 1946 zurück nach Hamburg und zur Entdeckung der Diskussion und der englischen Lebensart. Freiheit, Diskussion und englische Art verbanden sich zu einer Lebensleitlinie für Ralf Dahrendorf, der von 1993 an Mitglied des britischen Oberhauses war und als Intellektueller zweier Vaterländer, England und Deutschland, hohes Ansehen genießt.

Seine Leidenschaft für den Journalismus, unter anderem in der Nachkriegszeit beim „NWDR“, der Kulturzeitschrift „Hamburger Akademische Rundschau“ und ein halbes Jahrhundert später als Aufsichtsratsvorsitzender der Zeitung „The Independent“, sollte sich damit verbinden.

*Akademiker*

Vielseitig, außerordentlich schnell und erfolgreich, aber keineswegs simpel geradlinig verlief bereits sein früher akademischer Werdegang. Dahrendorf schildert seine mangelhaften Abiturleistungen in Englisch, die Konvertierung vom Sozialisten zum Liberalen durch die Begegnung mit Karl Popper, dessen Seminare er in London als Postgraduate an der London School of Economics besuchte und deren Direktor er später selbst einmal werden sollte.

Das Intermezzo bei Horckheimer und Adorno am Institut für Sozialforschung in Frankfurt stand als eine Art geschlossene Gesellschaft im scharfen Kontrast zur offenen Gesellschaft des englischen Wissenschaftstheoretikers Karl Popper, den Dahrendorf als die bedeutendste Persönlichkeit seines Lebens würdigt. Schließlich begleitet der Leser noch den Soziologen Dahrendorf, zunächst als Assistent an der jungen Universität des Saarlandes, dann mit dem 29. Geburtstag als Professor in Hamburg.

Leider enden hier konzeptionsbedingt die Lebenserinnerungen. So gelungen der Verzicht auf einen langen, geradlinigen Text ist, so bedauerlich ist für den Leser das Aussparen des aufregenden Jahrzehnts der 60er Jahre, zu dem der Wissenschaftler und die Persönlichkeit Ralf Dahrendorf beigetragen haben.

*Das Werk der Freiheit*

Das selbstbestimmte Individuum steht für das liberale Prinzip. Das gilt in besonderem Maße für Ralf Dahrendorf. Ihm ist es vergönnt gewesen, besser, er ist stets bestrebt gewesen, sich nicht auf wissenschaftliche Erkenntnisse zu beschränken, sondern auf der Grundlage seiner Theorie des sozialen Konflikts und sozialen Wandels diese Grenze zu überschreiten und auch praktisch gesellschaftspolitischen Einfluss zu nehmen, ob in der Politik als

Lord im britischen Oberhaus oder im Bundesvorstand der FDP, ob wissenschaftlich gestaltend als Direktor der London School of Economics, als Rektor des Saint Anthony's College in Oxford oder als Vorsitzender der Friedrich-Naumann-Stiftung, und stets als Gesprächspartner in zahlreichen Diskussionen.

Für die Lebenserinnerungen „*Über Grenzen*" gilt, dass hinter der Person der Wissenschaftler, der Politiker und der Intellektuelle zurücktreten. Es überwiegen die persönlichen Erinnerungen, dezent und humorvoll, gleichsam englisch vorgetragen. Deutsche Begeisterung brandet auf bei der Schilderung der vielen Persönlichkeiten, die wie ein Who is Who? der europäischen Intellektuellen seinen Lebensweg kreuzen.

*Krisenanalyse*

Das gleichermaßen kurzweilige wie kluge Gespräch Ralf Dahrendorfs im Jahr 2003 mit Antonio Polito, Korrespondent der römischen Tageszeitung „La Repubblica", die für Dahrendorf das intellektuelle Rom verkörpert, hat bei mir bis heute einen bleibenden Eindruck hinterlassen. Der Leser, eher Zuschauer, nimmt auf weniger als 120 Seiten, gegliedert in zehn Abschnitte, Teil an einer differenzierten und pointierten Bestandsaufnahme der Gefährdungen und Herausforderungen der Demokratie in Deutschland, Europa und Amerika.

Dahrendorfs Überlegungen kreisen um seine eingangs formulierte Definition der Demokratie, als ein „Ensemble von Institutionen", die politische Machtausübung in dreierlei Hinsicht legitimieren:

1. Ermöglichung gewaltloser Veränderungen.
2. Kontrolle und Balance der Machtausübenden.
3. Partizipation der Bürger an der Machtausübung.

In dieser Sicht erscheint die Krise der Demokratie als eine Krise ihrer Institutionen. In einer globalisierten Welt wirken ihre alten Funktionsmuster nur noch unzureichend: „*die gegenwärtige Krise der Demokratie [ist...] eine Krise der Kontrolle und der*

*Legitimität angesichts der neuen wirtschaftlichen und politischen Entwicklungen*“, so lautet die Diagnose des britischen Lords.

In dieser Perspektive hat das post-demokratische Zeitalter begonnen. Es ist gekennzeichnet durch eine Krise der Nationalstaaten, dem existenziellen, aber überkommenen Bedingungsraum der Demokratie, durch eine „*grundsätzlich desinteressierte und apathische Bevölkerung*“, durch einen Bedeutungs-, d.h. Kontrollverlust der Parlamente, hervorgerufen durch die aufkommende Konkurrenz von Nichtregierungsorganisationen, multinationalen Unternehmen und Einzelpersonen respektive einer entstehenden globalen Klasse.

Mit ihnen ist ein Verlust an Transparenz beim Fällen von Entscheidungen verbunden, der (2003) zu einem „schleichenden Autoritarismus“ etwa in England, Italien und den USA führt.

Umso dringlicher werde eine effiziente Beteiligung von Bürgern und Völkern an politischen Entscheidungen. In der „*romantischen Sehnsucht nach einer untergegangen Welt, in der die nationale Politik noch die Wirtschaft kontrollierte*“, wie die destruktive Polemik einer Vivianne Forrester suggeriert, sieht Dahrendorf eine Gefahr, die in ähnlicher Form (Modernisierungskritik) bereits dem Nationalsozialismus den Boden bereitet habe.

Fast zwei Jahrzehnte später erscheint die Krisenanalyse als geradezu hellsichtig.

Der ehemalige Europakommissar sieht Europa mit einer doppelten Herausforderung konfrontiert. Da ist einerseits die Schwäche der EU, die ohne Volk und ohne politische Klasse bleibt, und andererseits die „Glokalisierung“, die Gleichzeitigkeit internationaler Entgrenzung und regionaler Abgrenzung mit ihren aggressiven und intoleranten Tendenzen.

*Prinzipientreue und Debatten*

Dahrendorf, der den Niedergang der alten Ordnung, in deren Zentrum die Parlamente standen, offen nachtrauert, fordert zur

Wachsamkeit auf. Die Aufrechterhaltung der bewährten liberalen Ordnung müsse sich stärker an der Durchsetzung liberaler Prinzipien, weniger an liberalen Institutionen, orientieren. Unerlässlich bleibe die Aufgabe, dem Rechtsstaat weltweit zur Geltung zu verhelfen. Darüber hinaus sieht Dahrendorf die Stärke der Demokratie in fundierten Debatten, bei denen gewissermaßen der zwanglose Zwang des besseren Arguments die Entscheidung bringt. Diese grundsätzliche Stärke ist eine zentrale Schwäche der Demokratie, die sich ausbreitet.

Eine besondere Herausforderung ist die Überbrückung der zunehmenden Distanz von Machtausübenden und Bevölkerung. Wie lassen sich die Bürger beteiligen? So lautet eine Frage, auf die das Gespräch keine befriedigende Antwort zu geben vermag, wie überhaupt die Visionen hinter der Krisenanalyse zurücktreten. Dennoch findet sich der Leser und Betrachter des Gesprächs nicht zwischen den Stühlen wieder.

Eine gleichermaßen schlichte, wie wichtige Botschaft hebt Dahrendorf zum Schluss hervor: In einer komplexen, schwierigen Welt gibt es keine einfachen Antworten. Die politische Führung ist daher verpflichtet, zu führen und nicht ihr Fähnlein in den wechselnd böigen Wind der Unzufriedenheit der Wähler zu hängen. Gleichzeitig bestehe die Stärke der liberalen Ordnung in der Möglichkeit, *„zu einer Vielzahl von Fragen eine Vielfalt von Positionen auf vielfältige Art und Weise zu äußern.*" Gesucht wird also letztlich ein Ersatz für den Funktionsverlust der Parlamente. So bleibt der Eindruck haften, dass diese komplexe Suche nach Antworten einer existenziellen Aufgabe nahekommt, bei der liberale Prinzipien Mittel und Ziel zugleich sein können.

Ralf Dahrendorfs sozialliberale Erfahrungen und Erkenntnisse für den Aufbau der Demokratie nach dem Ende der Demokratie sind eine Orientierungshilfe, um Vielfalt und Freiheit auch in Zukunft zu ermöglichen. Ohne liberale Schwergewichte wird es nicht leichter, die Freiheit zu bewahren

# Freiheit, die ich meine
# 12 Maxime

In einer Zeit, in der Freiheit sukzessive beschränkt wird, in einer Zeit, in der es kaum Widerstand und viele weitere Pläne für noch weiterreichende Beschränkungen gibt, zugleich eine Zeit, die so fantastische Möglichkeiten für die Entfaltung von Freiheit bietet, werden in 12 Maximen Grundsätze des Wollens und Handelns für Freiheit gebündelt.

1. Maxime

   Freiheit ist die Essenz eines guten Lebens. Sobald Freiheit uns umgibt, haben wir die Chance, uns zu entfalten, unsere Kräfte und Kenntnisse zu erweitern.

2. Maxime

   Liebe ist die Kraft, die uns verbindet. Wenn wir mit Liebe einen Menschen betrachten, sehen wird das Gute und behandeln ihn gütig.

3. Maxime

   Freiheitsliebe ist Wohlergehen von mir und meinen Mitmenschen. Freiheitsliebe wächst, wenn wir uns ihr widmen.

4. Maxime

   Für das Zusammenleben ist die Achtung der Integrität eines jeden Mitmenschen unabdingbar. Damit verbunden ist das Unterlassen von Zwang, Behinderung und von allen Formen der Machtausübung.

5. Maxime

   Konflikte werden in einer Gemeinschaft durch bewährte Regeln im Sinne von Freiheit und Integrität entschieden. Diese haben sich als Konventionen eines guten Zusammenlebens herausgebildet.

6. Maxime

Das Alltagsleben findet hauptsächlich am Lebensmittelpunkt statt, privat, beruflich, in der Nachbarschaft. Hier ist der primäre Ort für eine Verbesserung der Lebensbedingungen und die Hilfe zur Selbsthilfe.

7. Maxime

Für Frieden nach innen und außen, für die Sicherung der Freiheit, des Eigentums und der Unverletzlichkeit von Leib und Leben können private und staatliche Organisationen eingerichtet werden. Sie alle sind dem Recht der Freiheit unterworfen.

8. Maxime

Die Verwaltung der öffentlichen Angelegenheiten findet zunächst und primär non-zentral und konsequent subsidiär statt. Der öffentliche Dienst wird abgeschafft. Politische Amtszeiten sind auf zwei Perioden begrenzt.

9. Maxime

Staat und privat sind konsequent getrennt, der Staat betätigt sich nicht wirtschaftlich. Die Eigeninitiative der Bürger hat Vorrang. Ihr Ausbleiben begründet keine staatliche Aktivität.

10. Maxime

Die Reform des Staates zielt auf dessen Selbstbeschränkung, d.h. hoheitliche, ordnungspolitische Aufgaben zur Sicherung der Freiheit und Freizügigkeit. Der Staat garantiert Rechts-sicherheit für jedermann durch einfache Gesetze.

11. Maxime

Staatliche Transfers sind nur innerhalb kommunaler Einheiten erlaubt. Die sozialen Sicherungssysteme werden sukzessive privatisiert, Pflichten zur Mindestversicherung umfassen Krankheit, Pflege, Arbeitslosigkeit und Alter. Langfristige Staatsverschuldung ist verboten.

12. Maxime

Alle staatlichen Monopole und Privilegien werden aufgehoben, das gilt ausdrücklich für Bildung, Infrastruktur, Geld, Verkehr und Kultur. An ihre Stelle treten vielfältige private, unternehmerische Bemühungen in einer freien Bürgergesellschaft. Die politischen Einheiten stehen in einem Wettbewerb um Freiheit, Wohlstand, Gerechtigkeit, Steuern und Lebensqualität.

# Edition Forum Freie Gesellschaft

Band 1

Helmut Krebs: **Klassischer Liberalismus. Die Staatsfrage – gestern, heute, morgen**, hg. von und mit einem Aufsatz von Michael von Prollius, Norderstedt 2014.

Band 2

Tomasz M. Froelich: **Bildungsvielfalt statt Bildungseinfalt. Bessere Bildung für alle ohne Staat**, Fürstenberg 2015.

Band 3

Dagmar Schulze Heuling: **Lob der Ungleichheit. Das Postulat der Gleichheit unter Legitimationsdruck**, Fürstenberg 2015.

Band 4

Helmut Krebs: **Sklerose. Leitbilder und Ideologien einer alternden Gesellschaft**, Fürstenberg 2015.

Band 5

Helmut Krebs und Michael von Prollius: **Mythos Anarchokapitalismus**, Fürstenberg 2015.

Band 6

Hubert Milz: **Geld. Eine kleine Ideengeschichte**, Fürstenberg 2020.

# Weitere Freiheitsbücher

**The Standards: Klassisch liberale Aufsätze neu interpretiert**, hg. v. Michael von Prollius, Fürstenberg 2014.

Mit Beiträgen von: Helmut Krebs, Wolf von Laer, Malte Tobias Kähler, Alexander Fink, Eduard Braun, Kalle Kappner, Carsten Dethlefs, Christian Hoffmann, Dagmar Schulze Heuling, Alexander Dörrbecker, Edith Puster, Isabell Heuber, Michael von Prollius, Steffen Hentrich, Gérard Bökenkamp, Stefan Blankertz, Gerold Mann.

**The Standards II: Filme aus der Freiheitsperspektive betrachtet**, hg. v. Michael von Prollius, Fürstenberg 2016.

Mit Beiträgen von: Detmar Doering, Stefan Blankertz, Michael von Prollius, Remo Haufe, Karl-Friedrich Israel, Andreas Tögel, Henning Lindhoff, Nur Baysal, Hendrik Hagedorn, Luis Pazos.

**17 Zeilen für die Freiheit**, hg. von Stefan Blankertz und Michael von Prollius, BoD, Norderstedt 2017.

**Freiheitsliebe. Ein Querdenker-ABC**, Michael von Prollius, BoD, Fürstenberg 2017.

**Mehr Freiheitsliebe. Ein weiteres Querdenker-ABC**, Michael von Prollius, BoD, Fürstenberg 2019.

FSC
www.fsc.org
MIX
Papier aus verantwortungsvollen Quellen
Paper from responsible sources
FSC® C105338